ちくま文庫

新版 ダメな議論

飯田泰之

筑摩書房

はじめに

本書では、「常識とは何か」「人はなぜ特定の考え方を正しいと思うのか」といった話題が繰り返し登場しますが、決して哲学・思想の本ではありません。また、具体的事例として、若年失業問題（ニート問題）や財政赤字、90年代大停滞といった経済的な話題が登場しますが、経済事情に関する解説書でもありません。

本書は、「少年犯罪の増加原因は○○である」「A社の低迷の原因は××である」といったさまざまな解釈のうち妥当なものを選択する方法や、「若年失業率を低下させるためには▲▲といった対策が必要である」「我が社の売上増進のためには□□すべきである」といった提言のうち有用なものをピックアップするための方法を考えるという技術書です。

日本人の90%が「正しい」と思っていても、実際には誤りだということもあります。また、私たちの周りの人すべてが「有用である」と考えている政策のなかには実はなんの役にも立たない、または実は何も言っていないものまであるのです。間違った、あるいは無用な議論を上手に避けて通らないことには、無数の情報のなかにいる私たちは正しい理解・判断に到達することができないでしょう。**安易に納得してはいけない〝ダメな議論〟を上手に避けて通るための技術。その簡便な方法を提案するのが本書の目標です。**

私たちは日常の仕事・生活においてさまざまな解釈・提言に出会います。とくに、メディアを通じて日本のどこかで行われたスポーツの結果、明日の天気、交通事故、犯罪、政治家や芸能人のスキャンダル、そして為替や株式相場などなど、毎日莫大な情報とつき合いながら生きています。

これらの情報は多岐にわたり、私たち個人が、一つひとつの情報の背景となる事情や専門的な論理を知ったうえでそれらを消化するのは不可能です。したがってメディアによる情報の伝達では、ただ事実のみが羅列されるのではなく、さまざまな形での解説と提言が添えられています。

たとえば、日々の株式ニュースにおいても、「日経平均は300円下がりました」だけではなく、「大手企業の決算に関して模様眺めの展開が続き、株式市場では外国人投資家を中心とした買い控え傾向が株価をじわりと押し下げました」といった解説が添えられるのが普通でしょう。メディアが伝える情報は事実の伝達に限られません。解説・提案を含むという点において、これらは言論活動（＝言説）という性格を必然的に有しています。

そこで、本書前半では、数ある言説のなかから「正しく、有用なもの」を選択する方法論を考えます。その際、「正しく、有用なもの」とは何かについて厳密な理論展開を行うという戦略もあり得るでしょう。しかし、本書ではそのような方針は選択しませんでした。正しいとは何か、有用とは何かという哲学の究極目標のような仕事は、私にはとても手に負えないからです。その代わりに本書が採用するのは、よりひかえめで機械的な方法です。

本書の基本的な方針は、さまざまな言説のなかから〝ダメな議論〟——「誤ったもの」「無用なもの」「有害なもの」を見抜く手法を考え、それを現実問題に応用していくというものです。〝ダメな議論〟を除外していけば、残されたものは「正しく、有用なもの」である可能性が高くなります。その意味で、本書の方法によって導かれる「正しく、有用なもの」とは、100%正しいとか間違いないものではありません。他の考え方に比べ相対的に「正しそう」なものを探るのが本書の目的です。

このような緩やかな「正しさ」の基準を受け入れると、〝ダメな議論〟に気づき、それを排除するための「目」を獲得することができます。これは「正しく、有用なもの」にたどり着くための大きな助けとなるでしょう。

第1章では、準備段階として、人々がなぜ誤った解釈を正しいと信じ、無用あるいは有害な提言を受け入れるのかについて考えます。その際にキーとなる考え方は、私たちは自分にとって都合の良い事実や解釈を信じる傾向にあり、自分で判断するよりも「その他大勢」が受け入れている考え方を受け入れる習慣を持っているというものです。

続いて第2章では、ある議論に納得する前に、そしていちど受け入れてしまった場合に、その言説を批判的に検討するためのチェック方法を示します。自分が正しいと感じていることを自ら否定するのは、誰にとっても心地のよいことではありません。

そして、一つひとつの社会・政治・経済に関する考え方を詳細に検討し、自分自身を反省するのは大がかりでつらい作業です。一方、「おきまりの手続き」を用いて自分の信じるもののなかにある「誤った」「無用な」「有害な」議論を切り捨てていくのは、それほど抵抗なくできる作業といえるでしょう。このチェックリストは、新しい情報に出会ったとき、それが正しいか否か、有用か否かを（フィーリングや直感で）決める前の手続きとしても大きな価値があると思われます。

機械的で単純な作業によって言説の可否を選択するという方法は、ときとして大きな批判にさらされます。その批判は精神面から手法面まで多岐にわたりますが、それを一言でまとめると「そんなに単純な方法ではいけない」というものです。しかし、より心理的な抵抗が小さく、簡単に判断ができるならば「それに越したことはない」と思いませんか？　第3章では、第1章・第2章で示した方法への予想される批判についてあらかじめ答えておきたいと思います。

第4章では応用編として、現在の政治・社会・経済問題に関する「誤った」「無用な」「有害な」言説を紹介したいと思います。多少戯画化されてはいますが、いずれの例文も「どこかで見たことがある」ものでしょう。若者論から経済「常識」まで、典型的な事例に言及しながらダメな議論を避ける方法を提案します。なかには現在もなお続く論点もあり正解が専門的にも明らかになっていないものもあります。しかし、正解を発見するのが難しかったとしても、不正解や無意味な主張――つまりはダメな議論を発見するのは、それほど難しいことではありません。

これらのメディアにおけるダメな議論と同様、またはそれ以上に私たちの思考に大きな害悪をもたらすのがネット、SNSを通じて目にする誤解や無意味な主張でしょう。第5章は今日、その影響力を強めているメディアにおけるダメな議論の問題点とその罠からの脱出法を考えていきたいと思います。

感情や直感よりも論理とデータによってさまざまな情報の「有用性」を判断できるようになること。これは本書のみならずロジカル・シンキング、クリティカル・シンキングの最終目標といってよいでしょう。本書はその目標に向かって歩き出すための第一歩であるという点を念頭に置いて読み進んでいただければと思います。

新版　ダメな議論【目次】

新版　ダメな議論

「ダメな議論」を見抜くためのチェックポイント

【チェックポイント①】定義の誤解・失敗はないか
【チェックポイント②】無内容または反証不可能な言説
【チェックポイント③】難解な理論の不安定な結論
【チェックポイント④】単純なデータ観察で否定されないか
【チェックポイント⑤】比喩と例話に支えられた主張

（☞詳しくは本書59頁より）

第1章　常識は「なんとなく」作られる

多くの人から支持されている言説（解釈・提言）が正しく、そして有用なものであるなら何も問題はありません。誤った言説が批判され、無意味な話には誰も見向きもしない状況では本書こそが「無用である」といってよいでしょう。

しかし、実際に多くの人に支持されている言説が正しくて有用であるとは限りません。テレビや新聞で語られる解説や提言を検討してみると、広く支持を集め共感を呼んでいる言説が正しいとは限らず、有用性を伴っているかすら怪しい場合が少なくないのです。そして、なんとなく雰囲気で支持されてはいるけれども、実際には何も意味のあることを語っていないのでは？　と疑念を呈したくなるような言説も数多く見受けられます。**言説への支持の多寡とその「正しさ」や「有用性」とは無相関――つまりは多くの人が支持し信じていることと、その主張の正しさや有用性はそれほど関係がありません。**

もちろん自分自身の生活となんの関係もない議論ならば、誤った知識を信じていようが、無意味な話をあたかも意味ある主張であると考えようが何ら問題はありません。たとえば、芸能人の誰と誰がつきあっているという根も葉もないうわさ話を「正しい」と信じてしまったとしても、我々一般人には何の害もないのです。

一方、自分の職業に必要不可欠な知識を誤って把握するということはめったにないと考えられます。たとえば、医師が病理についての初歩的な知識を理解していなかったり、サッカー選手がオフサイドのルールを誤解しているというようなことはないでしょう。

経済・社会・政治に関する言説は、芸能スキャンダルのように正しい理解をしていようがしていまいが問題ないというわけにはいきませんし、かといって、日々の職業上の知識のように必要不可欠とまではいえません。ここに、社会問題をめぐる言説を正しく理解することの難しさがあります。

経済・社会・政治に関する言説は、自分に無関係ではないけれども、それらに関する知識がないと生活ができなくなるというほどのものではないという中途半端さが難物です。したがって、正しい理解をした方が得ではあるけれども、さまざまな言説が正しいか否かをしっかりと理解することで得られる利益や、誤り・無用・有害な解釈や提言を受け入れることによる不利益に比べ、その正否を精査するための「費用」の方が高くつくケースが多いのです。

だからこそ、「はじめに」でも述べたように、**言説の正否をチェックする簡便な（つ**

まりは低コストの）技法を身につけておく必要があります。ある主張が誤り・無用・有害であることを判断するのに手間がかからなければ、「言説の正否を（それなりに）正しく判断する」という作業は十分に採算が取れるというわけです。

言説の正否を正しく判断することにやたらと手間がかかるという状況では、どの主張・言説を支持するかを自分の頭で考えるよりも、「世の中で多くの人が支持している考え方を正しいと考える」――つまりは、「常識」にしたがって賛否を決める方が合理的だということになるでしょう。世間の多くの人が信じている考え方にしたがっていれば、後でそれが誤りであると分かっても自分だけが損をするわけではないという点も見逃せません。

ある言説が多くの人によって「常識」であると信じられていることと、その言説が正しくて有用であるか否かは「別の話」です。以下では、社会的な常識について「常識なのだからたぶん正しいのだろう」という印象論を超えて、なんとなく信じられている常識を批判的に検討するための技法をいかにして身につけるかを考えていきたいと思います。疑うべくもないことをもういちど疑い、その可否を考えていくためには、その「疑うべくもないこと」がどのように生み出されていくのかを知っておくとよい。

そこでまず、「常識」がどのようにして形成されていくのかを考えることから始めたいと思います。

「常識」とは何か

私たちの日常生活を支えているのは「常識」です。この「常識」とは何かについて、まずはその定義をはっきりさせることから始めます。日常会話における「常識」とは、

「多くの人がXを知っている」かつ「多くの人がXを正しいと思っている」
↓Xは「常識」である

と定義づけることができます。

具体例で考えてみましょう。ある事実についての知識、たとえば「江戸幕府の初代将軍は徳川家康である」について、それを知っている人が日本国民の大多数であるならば「江戸幕府の初代将軍が徳川家康なのは常識である」ということができます。

常識という用語をその定義から考え直すと、「常識」は「常識だから正しい」とい

うことを意味しているわけではないことに気づかされます。

このことを理解していただくために、「世の中では常識とされている」もうひとつの命題、「人間は皮膚呼吸しないと死んでしまう」について考えてみましょう。これも徳川家康の例と同様、多くの日本人が違和感なく受け入れている知識だと思います。化粧を落とさずに寝ると皮膚呼吸ができなくて肌に悪いとか、全身にやけどを負うと皮膚呼吸ができなくて死んでしまうとか……テレビで誰かが言っていたのか本で読んだのか、どこで仕入れた知識かは覚えていないけれど、たいていの人が受け入れている「常識」です。しかし、これは科学的には誤りです。人間は両生類ではありませんから、皮膚呼吸（皮膚からのガス交換）をしなくても死んだりはしません。

「Xが正しい」ことは、「Xが常識である」ための必要条件ではなく、「大多数の人が Xを正しいと思っている」ことこそが「Xが常識である」ための必要条件なのです。したがって、ある言説が「常識」として語られていても、それが正しいか否かは別のものとして検討していかなければなりません。

事実誤認に基づく常識から抜け出すもっとも単純な方法は、正しい知識を得ることです。言い換えれば、正解を知ればそれで足りるのです。[1] たとえば、タラバガニは蟹だと思っている人がいたとしましょう。その人が何かのきっかけで「分類学的にはヤドカリの仲間だ」と教えてもらえば、その瞬間から「タラバガニは分類上も蟹である」とは考えなくなるでしょう。

このように、正しい知識が誤解を解く鍵になっているならば話は簡単です。しかし、経済や社会・政治といった、あまり身近でない問題についての「常識」から脱け出すのはそう簡単なことではありません。

単純に正否の検証ができるタイプの「事実に関する言及」とは異なり、政治や経済に関する特定の考え方が「常識化」するためには、ある解釈・提言を聞いたうえで、それに納得するというプロセスを経なければならないからです。

では、なぜ私たちは誤った見解や無内容な主張に納得してしまうのでしょうか？

それは、私たちが他の人の意見を聞いて判断をする際の心の働きによると考えられます。社会問題についての言説に出会ったとき、私たちの内部で働いているのは論理やデータによって妥当性を確かめようという理性だけではありません。その意見が自分にとって都合がよいか、自分の気分に合っているかという打算と好悪の感情が必ず働きます。そして、ある言説に対する態度を決めるに際して、このような感情の働きは、し

ばしば理性を上回る力を発揮するのです。

本章の後半で再論するように、ひとたびある主張が世の中で「常識」とみなされるようになってしまうと、それに対して否定的な態度をとるのは非常に困難です。私たち自身が、実際は間違った主張を「常識である」と把握してしまったとき、自力でそこから抜け出すのもまた同様に難しいことです。言い換えるならば、経済・社会・政治に関する誤った言説がひとたび常識化してしまった場合、そこから抜け出すには大変なコストを要するということです。

そこで、このような誤った言説や無意味な提言が常識化するプロセスを検討するにあたって、その第一歩である「自分の気分に合っている」から「なんとなく納得する」ということについて、考えてみましょう。

なぜこの本を読もうと思ったのですか？

その手始めとして、「なぜ人は本を読むのか？」について考えてみます。面白いから読む娯楽書と違って、本書には波瀾万丈のストーリー展開も、抱腹絶倒のエピソードもありません。これは他の多くの人文・社会科学系の著作やビジネス書など広義の教養書に共通する性質です。にもかかわらず、教養書を読む人がいるのはなぜでしょう？

この問いに対しては、多くの人が「知的好奇心から」という答えを思い浮かべたかと思います。確かに、自分の知らない事柄について、新たな知識を得ることは楽しい経験です。しかし、「自分が知らない事柄」ならばなんでも知りたいというわけでもないでしょう。

もうひとつの代表的な答えは、「××するために役に立つと思うから」というものです。とくにビジネス書を読む動機としては、これはある意味「正統派」です。知的好奇心を満たすという場合でも、「いつの日にか、何らかの意味で自分の役に立つかもしれない」という観点は皆無ではないでしょう。そのためか、自分の生活になんの関わりもない中世南アジア王室の相続制度や嫌気性バクテリアの研究史に興味があるという人は、そんなに多くないように思われます。

このように、教養書を読むのは「自分の知らないことを知る」「何かに役立てる」ためであるとまとめることができます。とすると、娯楽書と教養書では「どの本を読むのか」という選択基準や、「どれが良い本なのか」という評価基準において少なからぬ差がありそうです。

娯楽書を選ぶ場合の基準は明確です。自分が読んで面白い（と予想される）ものを購入すればよいのです。たとえば、名探偵の推理が読みたいならば本格ミステリを、歴史上の偉人の人生を感じたいならば大河モノを選べばよいでしょう。このような選択を容易にするために、広告や表紙には内容やストーリーのあらましが書いてありますす。さらに、自分好みのストーリーを書いてくれる作家やマンガ家の作品を買っていれば、「期待はずれ」になる可能性をより小さくできるでしょう。

一方、教養書を選ぶ際には、「自分の知らないことを知る」「何かに役立てる」ことができる本を選ぶ必要があります。しかし、私たちは本当に「自分の知らないことを知る」「何かに役立てる」という目的に合った本を選んでいるでしょうか？　少なからぬ人が、社会科学書・ビジネス書についても、「自分が読んで心地よいと感じるもの」を選んでいるのではないでしょうか？

たとえば、「次のボーナスでは株を買って、ちょっと儲けてやろうか」と考えている人にとって、『大型景気の到来――日経平均は30000円になる』と銘打たれた本はなかなか魅力的に感じられることでしょう。株で儲けたいということは、自分が株を買った後に株価が上がってほしいという希望を持っているということに他なりません。したがって、彼(彼女)にとり「株価が上がるぞ」と言ってくれる本は、心地よく、気分に合うということになります。

逆に、メディアでも言及されることの多い新富裕層に対して、幾分の嫉妬を込めてかもしれませんが、苦々しい感情を抱いている人は、「現在の景気拡大は幻想であり、より深刻な不況が忍び寄ってきている」という論調の本、たとえば『空虚な回復――新たな経済危機の時代』といったタイトルの本を「ちょっと読んでみたいな」と感じるのではないでしょうか。彼(彼女)らは、株式投資などで金を稼いでいる成り上がり者なんて大損してしまえばよいのだという自身の感情を後押ししてくれるような話が聞きたいだけなのです。

私たちは、「自分の知らないことを知る」本を探しながら「自分の知っている(漠然と感じている)ことが書いてある」本を購入し、読書を「自分の役に立てる」ことを目標としつつ、「自分の思想・行動に何ら影響のない(読んでも読まなくても変わらない)」本を読んでいます。つまりは、自分が日頃から抱いている「信仰」にお墨つきを与えてくれる、「自分が読んで心地よいと感じる」本を選んでいるにすぎないというわけです。

本に限らず、雑誌やTVなどのメディア、セミナーでの講演、さらには仲間内での議論についても事情は同じです。「自分を安心させてくれる言説」を支持する人が多い場合、緻密な論証や丹念な実証分析が正当な評価を受けることはありません。むしろ、より多くの潜在的な読者（顧客）の心情に沿った提言が、高い評価を受けることになります。

韓非子の主張

このように、しっかりとした論拠を持つ言説よりも、受け手の気分にマッチしたスローガンが評価されるという傾向は東西を問わないようです。経済学になじみの深い読者のなかには、これまでの議論を読んで、スティグラーやガルブレイスの指摘を想起した人も多いのではないでしょうか。そして、この傾向ははるか昔から、それも2000年以上前から続く傾向でもあるのです。その例としてここでは『韓非子』のメッセージを紹介しましょう。

『韓非子』というと、賢く世渡りをするための秘訣が書かれている本であるとか、リーダーとしての心得が書かれているというイメージを持つ人が多いようです。もちろんそれは誤りではありませんが、『韓非子』全編に通底するもうひとつのメッセージは、「君主にとって真に役立つ技法や、そのような技法を持つ人物（知術能法の人）が、なぜ正当な評価を得られないのか」、「なぜ正しい議論が世に受け入れられないのか」という憤りです。

全くもって人に意見を述べることの難しさとは、何かを述べるのに十分な知識を持つことの難しさでもなく、また自分の意見をはっきりと分かりやすく伝える技術が難しいというわけでもなく、自分の意見のすべてを十分に相手にぶつけるための度胸を持つことが難しいわけでもない。何といっても人に意見を述べることの難しさは、話す相手の心を知り自分の意見をそこに上手くあてがうことが難しいという点にある。（『韓非子』説難《ぜいなん》第十二）(2)

『韓非子』ではこのように説得の際の最大の困難は「相手の心に合わせてやること」であるとしたうえで、聞き手（この場合は君主・貴族）の気持ちに合わせて説得をするための方法を説明します。たとえば、聞き手が何か失敗して悩んでいるときには、類似の失敗をしたがたいした問題にはならなかったという例を話してやる一方で、聞き手が自信を持っているところについてはその欠点を指摘してはいけない、といった具合です。

戦国時代の中国では、社会・経済に関する解説や提言の受け手は主に君主・貴族に限られていました。一方、現代ではすべての人が解説や提言の受け手です。しかし、この韓非子の主張は、現在の言論活動についても大きな説明力があると考えられます。

現代においてもこの韓非子的手法が有効なことを示すのが、「成功の秘訣は何か？」という問いに対する答えと、回答者の社会的地位の関係です。

高所得を得て裕福な暮らしをしている人の多くが「成功するか否かは才能・努力によって決定される」という見解に賛同し、低所得者層では「成功するか否かは運によって決まる」という考え方に支持が集まるといわれます（どちらの見解が正しいのかは、私には分かりませんが……）。これは、実際に成功している人はそれが自分の実力によるものだと思いたがるのに対し、成功していない人はそれが自分の実力のせいだと思いたくないという心理によります。このように、ある主張への支持が、その人の「何気ない心理」によって決定されているというケースは枚挙にいとまがありません。

コールドリーディングという説得術

韓非子やそれに続く遊説家たちが考えた説得術は、現代では応用心理学や催眠療法の技術を取り入れて、より洗練されたものになっています。このような説得術・説得技法を構築するうえで、人はどのようなときに説得されるのか、どのようにして納得するのかを知ることは不可欠でしょう。ここでは、それを逆手にとって、「たいした検討もなく納得してしまう」ことがあるのはなぜかを考えてみます。

説得術、コミュニケーション・ツールとして知られる手法のひとつに、**コールドリーディング**（Cold Readings）があります。コールドリードは本来、宗教家や占い師が何の準備もなしに初対面の人の性格や悩みを言い当て、過去から現在、そして未来を読むことを指します。もちろん本当にこのような予知・予言ができる人はまずいないと考えてよいでしょう。コミュニケーションのなかで「性格や悩みを言い当てられたと思わせ」「相談者の過去・現在・未来を透視できるかのような印象を与える」技法、そしてその結果として他者を説得し誘導する技術がコールドリーディングです。ちなみに、事前に相手の経歴や悩みを調査しておいて、さも占いなどで当てたように語る方法はホットリードと呼ばれます。

コールドリーディングを紹介した書籍のなかで石井裕之氏は、その基本ステップを以下の5つに整理しています。(3)

ステップ1 ラポールを築く
ステップ2 ストックスピールで信頼を深める
ステップ3 悩みのカテゴリを探る
ステップ4 悩みの核心に迫る
ステップ5 未来の出来事を予言する

コールドリーディングの基本ステップは、「人はなぜ納得するのか」を理解するうえで重要な情報を提供してくれます。

ラポールを意訳すると、「なんとなく肌が合う」「気が合う」という意味になるでしょう。コールドリーディングを用いて説得する側(リーダー Reader)は、説得すべき相手（シッター Sitter）に「この人はなんとなく良いな」という印象を与えなければなりません。その典型的な手法が、相手の好みを知り、話をその人の好みに合わせることでしょう。韓非子が説難編冒頭で強調しているように、**説得の第一歩はやはり、「話す相手の心を知り、自分の意見をそこに上手くあてがうこと」**なのです。

相手の心にうまく寄り添うことができたならば、次はその信頼を深めなければなりません。その際に用いる手法がストックスピール――誰にでも当てはまる問いかけの連発です。誰にでも当てはまる問いかけの典型例に「職場（学校）などで本当の自分の実力を理解してもらえずに不満に思っていますね？」「重要なミスを犯したとき、最後の最後には誰かに助けてもらって事なきを得た経験がありませんか？」などがあります。

「本当の自分の実力」など、自分にさえも分からないものです。そして、現在それなりに生活をしているということは「仕事に完全に失敗して露頭に迷っている」わけではありませんから、どこかで「助かっている」と解釈できるでしょう。つまりは、ほとんどの人にとって、これらの質問への答えはイエスなのです。宗教家や占い師はこのような「必ず当たる問いかけ」を繰り返すことで、自分への信頼を高めていきます。

第3・第4のステップで宗教家や占い師は、相談者が何に悩んでいるのかを対話のなかから探り、最後にはそれをずばり言い当ててしまいます。その過程で重要な手法がサトルネガティブ（微妙な否定形）とサトルクエスチョン（微妙な質問）という方法です。「今日の相談は、職場での人間関係というわけではないですよね？」「最近、繰り返し感じる不安があったりしませんか？」といった発問方法は、占い師の基本テクニックとして有名です。

これらの質問は、なんら重要なことではないかのように発せられることがポイントです。もし相談者が職場での人間関係をたいして気にしておらず、また、繰り返し感じる不安がとくにないならば、これらの質問は「単なる質問」としてすぐに忘れられてしまいます。しかし、相談者がまさに人間関係に悩んでいたり、繰り返し想起する不安を感じていたりするならば、先ほどの質問は「単なる質問」ではなく「占いがずばり当たった！」という印象を与えることになるのです。このような微妙な発問を繰り返すうちに、何度かは、占いが当たったという印象を作り出すことができるでしょう。

人間の記憶は曖昧で、印象深い出来事は細かく覚えていられるのに対し、そうでもない部分は短期間で忘れてしまうものです。これをセレクティブメモリと言います。自分と関係のない質問はすぐに忘れてしまったり、ときとしてはじめから認識すらしない一方で、「ずばり当たった！」という記憶は強い印象として心に残るのです。

そしてコールドリーディングの仕上げは未来予想です。その予言は、教祖や占い師が相手から完全な信頼を得るためには決してはずしてはいけません。

このような予言の典型例が、「先祖を敬い、穏やかな気持ちで日々を送らないと、今年のあなたは大きな壁にぶつかることになる」といった条件つきの予言です。そして、その条件は心構え、精神論など具体性のないものでなければなりません。相談者が実際に大きな壁（と感じるような出来事）にぶつかったならば予言は大的中です。この教祖・占い師は最高の信頼・尊敬を勝ち取ることができるでしょう。そして何も起きなかった場合は、きっと相談者の心がけが良かったからだと解釈すれば、やはり予言は当たっているのです。

この他、必ず当たるとはいかないものの、絶対にはずさないタイプの予言というものもあります。「近いうちに、しばらく連絡が途絶えていた人から急に接触があるでしょう」といった一見すると具体的な予言はその好例です。「近いうち」「しばらく」

「急に」「接触」といった各単語に明確な定義がないため、たいていの人にとって、何らかの意味で、当てはまってしまうのです。

一つひとつは単純で、その程度のことで説得されはしないだろうと感じられます。しかし、以上の各ステップをしっかり踏んだうえで説得活動が行われたならば、それは論理やデータ以上の大きな力を持つことがあり得ます（なおコールドリーディングは、以上のような言語的なコミュニケーションから、ジェスチャーの使用法や解釈法などの非言語的な手法まで多岐にわたります。詳しく知りたい方は類書を参照してください）。

このようなコールドリーディングは対面でのコミュニケーションでその真価が発揮されるもので、本書で取りあげるような社会問題に関する言説とは関係ないように感じられるかもしれません。しかし、ニュース解説や多くの人が支持している常識的な議論には、以上のコールドリードの技法が暗黙のうちに含まれていることが少なくないのです。

「分析型」と「風見鶏型」

聞き手の心に沿った話題の設定や必ず当たる予言がもっとも典型的な形で用いられ

ているのが、株価解説・予測の分野です。

経済評論家はおおざっぱに「分析型」「風見鶏型」「万年強気派」「万年弱気派」に分類することができます。分析型は経済動向を分析し、理論的または統計的な予想を行うアナリストたちで、一般的なエコノミストがこれにあたります。その他の3つの分類は、意識的・無意識的に説得術を駆使して信頼を勝ち取る一種のコールドリーダーです。

より多くの支持者を集めるひとつの方法は、そのときどきでもっとも人気のある予想を語ることです。たとえば、多くの人が「株価が上昇する」、または「上昇してほしい」と考えているとき、風見鶏型の経済評論家は株価上昇を予想します。そのときどきの潜在的顧客や機関投資家の運用担当者たちの気分と経済誌・ビジネス書の購買層の雰囲気を読み、それに合わせて顧客の「聞きたい」ことを言うのです。

しかし、風見鶏型の評論家にはひとつの、そして致命的な欠点があります。風見鶏型はその性質上、顧客のニーズが変化したときにはそれに素早く対応する必要があります。その結果、風見鶏型の評論家は頻繁に「予想」を変更していかざるを得ません。

しかし、一対一のコミュニケーションで行われるケースとは異なり、講演・雑誌での発言は多くの人に記憶されるところとなります。現代であれば、過去の発言をネット検索によって探ることが容易になっている。すると、風見鶏型の評論家の発言は「ころころ変わる」ことが次第に明らかになってしまうのです。これでは彼らが人気を長持ちさせることは難しいでしょう。バブル期に経済新時代の到来を宣言し、バブル崩壊期に不況の早期回復を予想した評論家で、90年代後半には一転して日本経済の長期停滞が必然的な構造問題であると主張して注目を集めた人は少なくありませんが、この手法を現代に実践することは難しくなっています。

そのため、経済に限らず風見鶏型の評論は、長期的かつ継続的に評論家の発言を記憶する機関投資家や玄人筋を相手にするアナリストではなく、その場その場の印象が重要なメディアコメンテーターに散見されるにとどまるでしょう。

「万年強気派」と「万年弱気派」

一方、万年強気派・万年弱気派の評論家にはこの種の危険性はありません。つねに「新たな大型景気の到来」を主張している評論家、いつでも「大恐慌の始まり」を説くエコノミストは意外と多いのです。

どのような経済状況になっても「景気が良くなってほしい」という人は一定数存在します。株式投資を始めたい、新規事業を展開したいと考えている人がその典型です。そして、景気の先行きがどんなに良くなっても、「この好況はいずれ崩壊すると思いたい」人も常に一定数存在します。景気が上昇しはじめた頃に株を買い逃した人はもちろん、不景気自体によってむしろ相対的な生活条件が良くなる人などがそれに当たります。たとえば、私のような大学教員の給与額は景気の善し悪しにほとんど左右されないので、景気が悪ければ悪いほど相対的にリッチな生活が可能になります。

そして、実体経済が自分の望む方向と逆に動けば動くほど、「世間一般では少数派である自分の意見を正しいと言ってくれる教祖」への信仰は深まると考えられます。万年○○派の評論家は潜在的顧客の頭数を増やすように行動するのではなく、安定的で強力な自分の支持者、信者の獲得を目標にしています。万年○○派の評論家は、同じコールドリーダーでも占い師より新興宗教の教祖に近い技法を駆使していると言ってよいかもしれません。

顧客の「心に沿う」議論を基本に据えることで、彼らの心を引きつけたならば、続いて行われるのはストックスピールによる信頼の強化です。そのもっとも単純でお手軽な例が、ことわざ・格言の活用です。万年弱気派であれば最近の景気改善に対して「いつまでも好況が続くということはない」、またはバブル崩壊期の教訓（？）を用いて「誰もが景気の悪化はないと思っているときにこそ、暴落があるのだ」と言うことでしょう。「人の行く裏に道あり、花の山」（みんなが株価上昇を予想しているときに株価下落を予想してこそ儲けることができる、または株価下落予想一色のときに買ってこそ儲けることができる）といった相場格言を持ちだす場合もあるかもしれません。一つひとつの発言はとるに足らない陳腐な内容ですが、それが繰り返され、それにあいづちを打ち続けているうちに、なんとなく説得されたような気分になってきます。なんといっても、もともと自分が聞きたかったことを言ってくれているのですから！

ことわざや格言、あるいは歴史上の事件は無数にありますから、そのなかには必ずといっていいほど自分の主張と近い内容のものがあるのです。彼らはことわざや格言に学んでいるのではなく、都合のいいネタをどこからか拾っているにすぎません。万が一見つからなければ、自分がこういう経験をした――たとえば、過去の好景気で投資金額を増やしていったら暴落にあって破産しかかったなどの体験談を捏造すればそれで足ります。

そして経済評論家、なかでも万年○○派の真骨頂は予言の的中にあります。先ほど例に挙げた「いつまでも好況が続くということはない」は必ず正しい主張です。高度成長期にも不況がなかったわけではないことを思い出してください。いつでも景気の悪化を予想していると、いつか必ず当たります。経済評論家による「必ず当たる予言」のコツは、「いつまでに」という期間か、「日経平均で何円程度」という幅のいずれかを曖昧にするところにあります。

さらには「不況のダメージを小さくするには、構造改革の成果が、内外の投資家から信頼されなければならない」「不況から脱出するためには、粛々と構造改革を進める必要がある」といった留保条件をつけておくとさらによいでしょう。これならば、少なくともはずれることはありません。「構造改革徹底指数」のような、構造改革の進展そのものを表す客観的な指標はありません。したがって、景気が回復したら「構造改革がしっかりと行われた」、回復しなければ「不十分だった」と言えばよいのです。このような予言を繰り返していれば、たまには当たるでしょうから、その際に「あの先生の予想が見事的中した」という印象を残すことができます。よほどの大はずれでなければ印象深く記憶されることはないでしょう。そして時を経るにつれて、

「あの先生の予想が見事的中した」という印象のみが記憶され続けることになるのです。

あまりにも子供だましに過ぎる例だと思われるかもしれませんが、平成バブルの崩壊とITバブルの崩壊をともに予見したという輝かしい業績（？）を誇る万年弱気派の経済評論家が現に存在し、一定の支持を得ています。日本経済や世界経済の危機に警鐘を鳴らす本を毎年出版している人もいるのです。これは万年強気派にしても同じですが、むしろ弱気派の方が人々の危機感を利用するせいか、この種の〝万能予言〟を上手に用いているようです。災厄や不幸を予言した方が強力な支持を得られるというのは、占い師や宗教家にも当てはまる傾向でしょう。

このように考えていくと、経済評論家に限らずあらゆる分野の評論家がこの4類型（分析型・風見鶏型・万年強気派・万年弱気派）で分類できることに気づきます。そして、主張の基本構造を聴衆の心に合わせ、信頼を深め、予想を的中（？）させた評論家はコアなファンを獲得することができます。コアなファンを獲得したら、あとは自分に対する批判に対して個別に対応していけばファンからの信頼は高まる一方となります。

社会評論や批評の世界では、比較的狭い範囲の強力なファン、ときとして信者を持つプチ教祖が数多く見られます。

いうまでもなく風見鶏型、万年〇〇派の評論家は常に分析型の評論家から厳しい批判を受けることになります。分析派からの批判を論破する、または少なくとも論破されないために彼らが使うテクニックは第3章で解説することにしましょう。

ヒットする要素満載の構造改革論

言説の論理的・実証的な妥当性よりも論者の説得術が重要になるケースは、政策や社会問題を語る評論でしばしば見受けられます。株価予想のように直接損得にかかわる予言や予想は、「役に立たないなら意味ないじゃないか！」という至極まっとうな反応を受けます。このような素朴な実用主義は、無意味で有害な言説へのシンプルな防波堤の役割を果たしてくれるのです。

一方、政策や社会的風潮への提言は、私たち個人の利害とダイレクトにはリンクしていません。したがって、説得術に巻き込まれた際の第一の（そして最大の）防波堤である損得というシールドが非常に弱いのです。

その例として、2000年代日本においてもっとも「売れた」政策提言である構造改革論について考えてみましょう。一時のブームこそ去ったものの、「構造改革が必要だ」という言い回しは現在も経済評論の結びなどに決まり文句のように使われています。

言うまでもないことですが、何ひとつ問題のない社会は存在しません。さらに、バブル崩壊以降の長期低迷によって、少なからぬ人が経済的困難というやっかいな問題に巻き込まれることになりました。長期低迷の問題について、なんらかの対策が必要ではないかという意識は、ほとんどすべての日本国民が持っていた（いる）と思います。その意味で、「経済・社会を改革・改善すべし」という主張は多くの日本国民の「心にかなう」ものであると考えられます。

さらに構造改革論は、「構造」という言葉の多義性によって、大多数の日本国民に「自分が日ごろ問題だと考えていることを改革するのだ」というイメージを抱かせることができます。「構造問題」を言い換えるならば、「根本的問題」「重要で基礎的な問題」となるかと思います。何が根本的問題か、何が重要で基礎的な問題かの見解は人によって異なるでしょう。ここで再び重要になるのがセレクティブメモリの機能です。人は情報を記憶する際に自分に関係すること、自分が普段から気にかけている話題に引きつけて記憶します。これは、政策提言に耳を傾ける場合でも例外ではありません。

年金問題が日本経済の最重要問題であると考える人が「構造問題への対策が必要だ」という主張を聞いたときには、「自分が重要だと考えている年金システム（という構造問題）への対応が必要だ」というイメージが残るでしょう。これは、政治システムが日本社会の根本問題だと考える人、日本型経営の陳腐化が最大の問題だと考える人、財政危機こそが日本経済のガンだと考えている人……いずれでも同じです。そして自身の見解と同じ、少なくとも共通点を持つ主張は、当然ながら「心地よい」と感じられます。

「構造問題」とは「根本的問題」「重要で基礎的な問題」のことなのですから、「構造問題が重要だ」という主張は誰にも否定できません。さらに、「改革」という単語の自体がもつプラスのイメージも有用です。誰にも否定できない主張と、プラスイメージの単語を組み合わせた構造改革論はヒットする要素満載の言説だったのです。

構造改革論を待つまでもなく、90年代前半より日本の政策論壇には多くの改革論があふれかえっていました。90年代前半の政界再編期に登場した新党はいずれも政治改革を中心的なスローガンにしていましたし、96年に誕生した橋本内閣では行政改革・財政改革が中心的な政策課題とされ、現在まで続く改革に先鞭をつけた法案がいくつも可決されています。ところがこれらの「改革論」は小泉政権以降の構造改革論ほど強力に支持されることはありませんでした。なぜでしょう。それは「売れる言説」の条件を満たしていなかったためです。

これらの改革論はいずれも具体的で、特定の問題に関する提言でした。その結果、財政再建のための改革であれば財政再建問題を重視する人々にしか訴えかけることができなく、全国民的な支持を得ることができなかったのです。

それに対して、明確な定義を持たない「構造改革」が、具体的な内容を持たないいま最重要課題であると認識されると、状況は一変します。「構造改革」こそが最良の対策であるという常識の下では、「構造改革である」というお墨付きが得られれば何でも好意的に受け止められるようになります。その結果、構造改革に関連した政策はもとより、本当のところは構造改革とあまり関連はないような個別の政策までもが、なんとなく承認され、多くの人にとっての常識的見解となっていきました。

小泉内閣において「構造改革の本丸」とうたわれた郵政改革、郵政民営化は、小泉首相の20年来の主張でした。しかし、郵政民営化が小泉内閣以前に国民的課題であると認識されたことはなかったと言ってよいでしょう。郵政省による郵便事業の独占を解体することが、経済政策上の最重要課題だと認識していた国民は、それほど多くはいなかったはずです。それがあれほどまでの支持を得ることができたのは、郵政民営化が、「誰もが支持できる何だか良いものとしての構造改革」のひとつとして位置づけられたからにほかなりません。郵政民営化のみならず、財政再建のための増税や生活保護制度の見直し、ひいては憲法改正までもが次第に「改革という何か良いもの」のひとつとして支持されることもあり得るのです。

構造改革の一環として行われているさまざまな政策のなかには経済学的に見てきわめて正当なものもあれば、大いに疑問が残るものもあります。ときとして、互いに矛盾しているのではないかと思われるものも少なくありません。政治・外交政策については、著者である私が素人のため明言はできませんが、そのすべてが正しいというわけではないでしょう。しかし、「構造改革っぽいものはなんとなくよい」という考えが定着してしまうと、個別の政策に対して論理的な検証を行う論者は、その分析が構造改革の一部に抵触するという意味で歓迎されず、決して受け入れられることはないのです。

「常識」化した言説の力

特定の言説が、そのプロセスはどうあれ、多くの人に支持されるようになったとき、それは「常識」と呼ばれるようになります。その意味で、「構造改革が必要だということは現在の日本では常識である」とさえ言えるかもしれません。本章の冒頭で説明したように、ある言説が支持されるようになるまでには、必ず「納得する」というプロセスを経ます。そしてひとたび自分の心のなかで「Xは正しいんだなぁ」と納得したものを否定されるのは、誰にとっても不愉快な経験です。

論理的な説明やデータによって納得している場合であれば、不愉快に感じながらも、かつて自分が納得した説明に論理的欠陥があることやデータの裏付けが不十分であることに気づいて、自身の見解を変えることができるかもしれません。しかし、説得術の手法によって感覚的に、つまりはなんとなく納得している場合には、その「納得」から抜け出すことはきわめて困難です。感覚（センス）を否定されることは、多くの人にとってもっとも苦痛なことだからです。

そして、ある言説（X）が常識として受け入れられるようになると、それと似た言説も次第に常識化していきます。つまりは、多くの人にとってイエスな言説をストックスピールとして積み重ねることで、別の言説についてもなんとなく納得させられていきます。このようにして一連の社会的言説や政策提言の全体が「なんとなく常識」化していくことになるのです。

常識の形成とその増殖のプロセスを考えると、誤った常識はさらなる誤った常識を生み出します。ひとたび方向性の誤った主張が常識化し、それが増殖を続けると、論理と実証による分析はもはや顧みられないかもしれません。こうした状況は、社会的正義を持ちだすまでもなく、個々人の利害においても望ましくないのは言うまでもないでしょう。

もちろん、ある言説・主張が正しいか否かを完璧に見分けることはできません。それは各分野の専門家による真摯な研究を待つほかないものです。一方、数学や論理学での証明においてもある命題が正しいことを証明するよりも、ある命題が偽であることを証明する方が容易なケースがあります。

これと同様に、さまざまな言説のなかから「無内容な主張」や「明らかに間違っている言説」を見分けることはそれほど難しくはないのです。なんとなく納得する前に、その言説が無意味だと簡単に見破ることができれば、無意味な言説が常識化し、なんの検証も経ない類似の政策提言が支持されるということはなくなります。そして、無意味で誤った言説に巻き込まれることを「防ぐ能力」は、個々人にとっても重要なものなのです。

第2章　ダメな議論に「気づく」ために

場の「空気」による支配

前章で説明したように、そのときどきの気分や雰囲気に合った言説を支持するのは、私たちにとって無理からぬことです。そして、そうした言説の妥当性や実効性とは関係なく、多くの人の気分にかなうとき、その言説は多数の人が「なんとなく正しい」と考えるところとなり、「なんとなく常識」な話が作られていきます。

評論や講演を生業とする文化人、社会動向や政策課題に対して意見を求められる学者やコンサルタントにとって、聞き手が受け入れている「常識」を真っ向から否定して自説を主張するのは、利口な「やり口」とはいえません。説得するに当たって「わざわざ説得しにくく」する必要はないからです。したがって、自身の主張の核と対立しない限り、常識化している言説にはふれません。そして、誤りだと分かっていても、ときとしてそれを利用して自説を展開するという場合もありえるでしょう。

ある評論家（X氏）が、防犯は行政のもっとも基本的な仕事であり、日本の警察官数はより増員されるべきだと考えているとします。一方、犯罪動向に詳しいX氏は日本国内での凶悪犯罪はとくに増加していないことも知っているとしましょう。つまりは、X氏が警察官数の増員を主張するのは現状よりいっそうの犯罪防止が必要であると考えているからであって、現在犯罪が増加しているのを食い止めるための緊急措置が必要であると考えているわけではないということになります。

しかし彼が「日本の警察官数はより増員されるべきだ」という自説を説明する際に、凶悪犯罪がたいして増えていないことや、30年スパンで見ると犯罪件数自体が激減していることなどに言及することはありません。多くの人が「近年凶悪犯罪が急増していると思いこんで」X氏を支持してくれることは、彼にとって損にはならないからです。ときには、聴衆の思いこみを利用し、「なんとなく常識となっていること」に便乗することで、自説への支持を獲得する戦略もあり得ます。

ある事実が多くの人の心にかなう（好みに合う）もので、それに対する批判が行われない状況が続くと、「常識」は論壇や政策論争の場を支配する「空気」となります。常識の支配力が強力になると、言説の可否を決めるものは論理や根拠ではなく、「なんとなく形成された常識」に「近い雰囲気」を持っているか否かになります。**「科学的」根拠自体が、「空気」に適合するように再構成されるようにすらなるでしょう。**(4)

明確な根拠もなくある言説になんとなく納得してしまうと、自分からその言説を批判的に検討する気分にはなれません。そして、その言説が多くの人に受け入れられ、常識化すると、それを批判すること自体が困難になります。さらに、ある常識が論壇や政策論争の場を支配する「空気」になると、誰にとってもそれに逆らうことは不可能となるのです。

このような支配から抜け出して客観的判断を下すにはどうしたらよいでしょう？　もっとも直接的な方法のひとつが、そのような空気の支配に取り込まれないようにすることです。

そのためにこそ、当該分野の専門家が地道な啓蒙活動をする必要があるのだという見解もあり得ます。しかし、第1章で指摘したように、自分がそれなりに納得している考え方を真っ向から否定する本や論文を自発的に読む人は多くはありません。「常識」「空気」に対する専門家の批判は、それがいかに正しいものであれ、受け入れられがたい構造を持っているのです。

もっとも単純な対応法

「常識」と「空気」の支配に対するもっとも簡単で日常的な対応法は、コストや損得勘定といった金銭面での問題を考慮することです。

友人同士で話しているうちに、会社から独立して事業を興そうという話が盛り上がったとします。独立・起業の夢を何度も語り合っていると、あたかもその事業の成功が確実で、あとは一歩踏み出すだけなのだという雰囲気になったとしましょう。このとき、事業計画の非現実性や、起業で成功するのは1500人に1人にすぎないというデータがあるといった「事実」は、「起業とその成功の夢」の前にかき消されてしまいます。⑤

しかし、仲間内や自分の心の中でこのような空気が形成されたとしても、即起業に向かってまっしぐらというわけにはいきません。起業のためには資金が必要だからです。起業に備えて日々節約し、自分の貯金を削るといった活動を続けるうちに「ホントに起業して大丈夫なのか?」といった疑問が生じる機会があります。資金を借り入れて事業を始める場合には、銀行、借金先の親戚や友人からその甘さを指摘されることで事実に直面することができるでしょう。このように、「我に返る」ための方法を山本七平氏は「空気の支配に水を差す」と表現しています。

しかし、豊富な資金が手元にあり、資金調達の苦労がいらない場合は、コストを意識する機会がありません。実際、退職金や先祖から受け継いだ財産を、起業の失敗や詐欺的な投資勧誘によって失ったという話をしばしば耳にします。これは、コスト意識が重要な「水差し」であり、それを欠いた行動がいかに危険であるかを示す好例であるといえるでしょう。

一方、社会問題や政策課題に関する「常識」や「空気」に対しては、「ゼニ金のことを考えて我に返る」という手法はあまり役に立たないようです。ニート問題に関してどのような意見を持とうと誰からもお金を取られたりはしませんし、郵政民営化に反対したところで郵便料金をまけてもらえるわけでもありません。

総額としては大きなコストがかかる政策であっても、1人当たりになおすとそれほどの負担にならないという場合も同様です。たとえば、かつて大きな話題となったBSE（狂牛病）に対して、我が国では輸入制限や全頭検査など大きなコストをかけた対策が行われました。感染した牛の脳に空洞ができ、それが原因で異常行動を起こす病気で、摂食を通じて人間にも感染する危険性が指摘されました。

その対策として行われた検査は、国内牛肉価格の上昇という損失をともないます。これを日本全体で合計すると大きな経済的損失が生じているのですが、そのコストと便益を比較考量して賛否を考える人は、ほとんどいませんでした。輸入制限や全頭検査による損失を1人当たりに直せば、たいした金額ではありません。その結果、人への感染予防としてはほとんど無意味な検査であっても「なんとなく不安だから輸入禁止の方がいいんじゃないの？」といった感想が修正されるほどの「水」として機能しないのです。

個人にとってはそれほど大きな問題ではない——このとき「なんとなく不安」だから「念のために」として下される「常識的な判断」は時に社会全体に、または一部の人にとって莫大な負担となることがあります。

情報リテラシーの重要性

政策課題や社会問題が正しく理解されることは、社会全体にとって大きな利益となります。そして、誤った常識による世論の支配は、ときとして国家の根幹を揺るがすほどの危険性をはらんでいます。

その一方で、ほとんどの人が誤った見解を「正しいもの」として受け入れているときに、1人だけがその常識について綿密に調べ、正しい理解を得たとしてもたいして得にはなりません。正しい認識を主張するとかえって孤立してしまい、攻撃の対象になるだけということもあるでしょう。そこから、「まぁ、ホントは間違いかもしれないけど、どっちでもいいや」や「なんとなく常識なことはなんとなく正しいと思っておくのが賢い」という経験則としての処世術が導かれます。

これとよく似た議論が教育の外部性です。小学校から大学にかけ、そのすべての費用を自己負担した場合の総額（教育の費用）と、学校教育を受けたことによる生涯収入の上昇（教育の便益）を比べると、個人差こそあれ、平均的には費用の方が大きくなるといわれます。(6) このとき、経済的には公的な支援一切なしに教育を受ける金銭的インセンティブ（動機）はありません。

しかし一方で、国民全体での教育水準が上昇すると各種の連絡がスムーズになり、技術の伝達も容易になるなど国民経済全体では大きなプラスの影響が生じます。個人には教育を受けるインセンティブはないが、国民全体を考えると教育水準を向上させるべきだというわけです。経済学では、**ある個人の行動が（市場を経由せずに）他の人に影響を与えることを外部性・外部効果と呼びます**。この場合、Aさんが学校教育を受けたことで、一緒に働くBさんも、「連絡がスムーズになり、技術の伝達も容易になる」という便益を得ることができます。このように、教育の果実には教育を受けた個人のものにならない外部効果が含まれているのです。このような状況を経済学では「教育には外部性（外部経済効果）がある」と表現します。

外部性のある財・サービスについては、補助金や公的機関による供給が正当化されることがあります。個人の負担だけに頼ると、平均的な教育水準は、最適な状態よりも低くなってしまうため、公立学校や私立学校への補助金によって「後押し」してやるというわけです。

個々人にとってはペイしない学校教育の普及が国民経済によい影響を与えたように、正しい常識の判断や誤った議論を見分ける力といった情報リテラシーが共有されることは、社会にとって重要なインフラとなり得ます。

多くの人が社会問題に対する「誤った常識」や「怪しい言説」を受け入れないようにするにはどうすればよいでしょうか？　ここで考えられるのが教育による解決です。

さまざまな情報の内容をしっかりと理解し、それが正しいか否かを識別する方法は情報リテラシーと呼ばれます。学校教育における情報リテラシー教育の充実は、

気分にかなうという理由で納得し
↓なんとなく常識化し
↓動かしがたい空気となり
↓思考や言論が支配される

というプロセスを崩す大きな力となるでしょう。しかしながら本書の読者の多くは、すでに学校教育を終えていると思われます。そして、教育制度を改革することによって「次世代に期待する」だけで満足できるほど悠長な人も多くはないでしょう。

そこで以下では、社会問題に関するさまざまな主張を「綿密に調べ」「正しい理解を得る」技法とまではいきませんが、

・明らかに誤りである主張を見抜く
・根拠が不足している議論を「怪しい」と感じる

ための簡便な手法を紹介します。つまりは、「綿密に調べ」「正しい理解を得る」ため

のコストを引き下げることで、誤った認識からの自発的脱出を容易にしようというわけです。

5つのチェックポイント

前置きが長くなってしまいましたが、以下では5つのチェックポイントを挙げて、そのほとんどをクリアできない議論は誤りであり、複数をクリアできないものは怪しいと受け止めるべきであることを説明します。流行の社会評論のなかには以下の5つのチェックポイントのすべてを満たしていないものも少なくありません。これは、まさに繰り返し指摘してきた「気分にかなう→なんとなく常識化→動かしがたい空気」というプロセスのみで大きな支持を集めている考え方なのです。

【チェックポイント 単純なデータ観察で否定されないか】、**【チェックポイント 定義の誤解・失敗はないか】**は比較的判断が容易なチェックポイントです。

【チェックポイント 単純なデータ観察で否定されないか】

まずは、もっとも単純なチェックポイントです。ある主張が、単純なデータ観察と

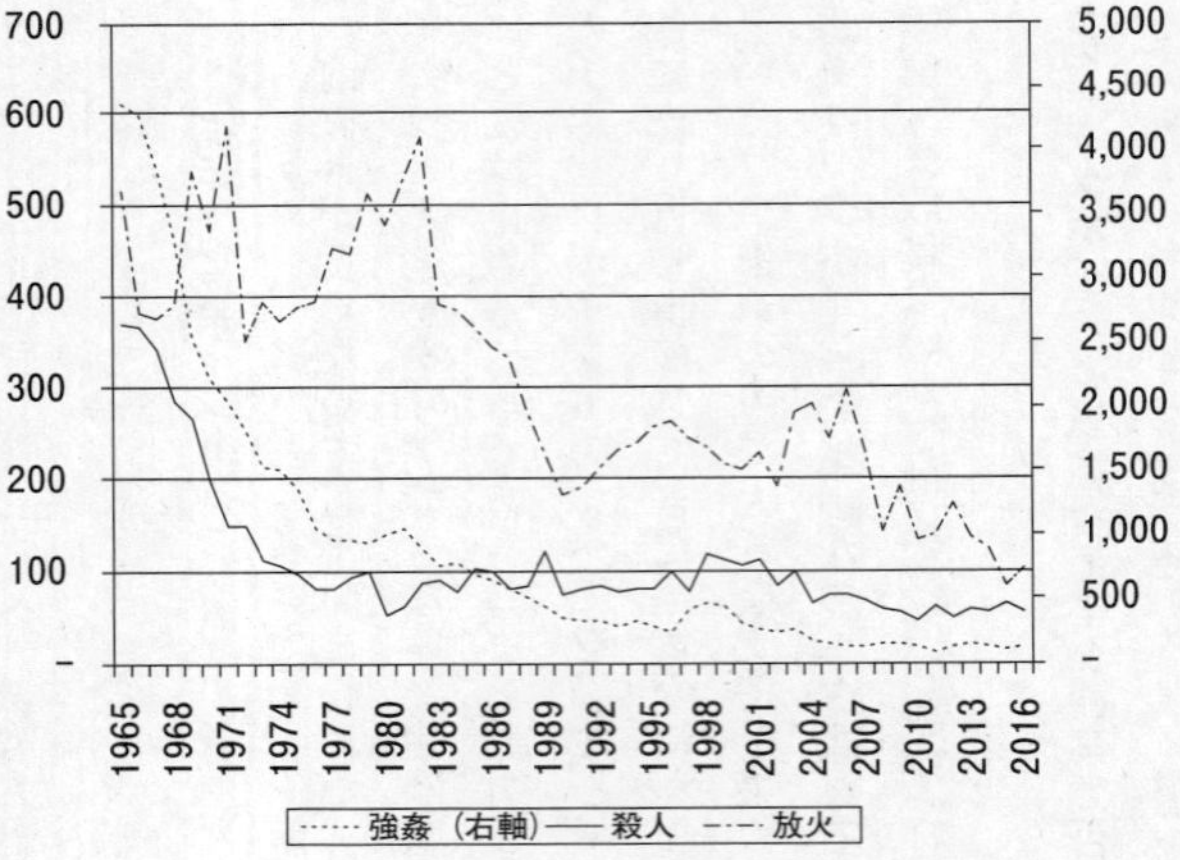

（出典）『平成29年度版犯罪白書』

図2－1　少年刑法犯の動向

矛盾しているならば、それはまず間違いだと考えていいでしょう。これは、「人間は皮膚呼吸できないと死ぬ」「蟹味噌は蟹の脳みそだ」といった、事実・知識に関する誤解に近いタイプの誤りです。

その好例が、近年の治安状況に関する認識です。「昔に比べて、少年の凶悪犯罪が増えている」という主張は事実誤認です。図2-1に示すように、少年・少女による殺人は昭和期に比べて大幅に減少しています。14歳から19歳人口当たりに直してもこの傾向は変わりません。少年人口1万人当たりの殺人は1960年に

0・4とピークを迎え、近年では0・1を切る年も珍しくありません。少年放火犯の人口比も3分の1に、強姦に至ってはピーク時の20分の1以下にまで激減しています。

このようなデータを踏まえると、「近年、少年による殺人・放火は増加の一途をたどっており、道徳教育の見直しが必要とされる」といった主張は妥当性に乏しいということに気づきます。主張の重要な前提部分が事実誤認であるため、この主張は一から見直される必要があります。

もちろん、なんのきっかけもなしにこのような事実誤認や誤解に基づく議論が流行することはありません。この種の根拠のない議論は「なんとなく感じていること」「空気」を反映して組み立てられていきます。

少年犯罪のケースでは、少年による猟奇的な殺人事件がワイドショーなどで大きく取り上げられ、その結果としてあたかも同種の事件が頻発しているかのようなイメージが生まれたと考えられます。しかし、落ち着いて考えてみると、少年による犯罪が珍しいものであるからこそ、大きなニュースとして取り上げられるのです。珍しくもなんともない事件について詳細な報道を行うワイドショーを見たいと思う視聴者は少ないでしょう。内藤朝雄氏は1948年に起きた中学生による愉快犯的な殺人の報道を例に、少年犯罪多発期には新聞での取り扱いが非常に小さい（同日に発覚した高校野球の八百長事件などの方が大きく取り扱われていた）ことを指摘しています。(7)

このように、自分の気分にかなない、なんとなくそんなイメージだという理由で、ある主張に納得しかけたとき、まず行うべきなのは関連データの収集と検討です。

データ収集というとずいぶん手間のかかる作業で、本書の目指す「手軽な判断法」とはなじまないと感じるかもしれません。確かに20年前ならばその通りでしょう。しかし、現在ではこの種の情報収集コストは大幅に低下しています。官庁や業界団体が発表する統計のほとんどはＷｅｂ上で収集できますし、図表化され解説がつけられているケースも少なくありません。そして、どのデータを探せばよいか分からない場合には、大まかな質問事項を入力して検索をすることで、かなりの情報が収集できます。マスコミによる報道などで非常に評判の悪い掲示板やＳＮＳ、使い方次第でかなり有用な情報が得られるようになってきています。

たとえば、「日本のタバコ価格のほとんどは税金で、税金を吸っているようなものだ」という話があります。これを確かめるにはどうしたらよいでしょうか？　代表的な検索エンジンであるGoogleで「タバコ　価格　税金」で検索してみましょう。

「タバコ税の「真実」を知って下さい。」というタイトルのサイト[8]が表示される人もいるかと思います。このサイトには、タバコの小売価格に占める税金の割合が国別一覧の形で掲載されています。すると、日本のタバコ価格に占める税金の割合（約60％）は、他の先進国に比べると比較的低いということが分かります。ちなみに、タバコそのものの価格も、円換算するとイギリスの3分の1以下、ドイツの約2分の1で、日本はタバコが比較的安いことも分かります。

なおWeb検索利用の第一歩は、キーワードを3つ程度に絞った検索をし、自分の求めている情報に近いタイトルのページをつまみ食いしていくことです。ただし、Web上の情報には無責任で不正確なものも多いため、必ず複数のソースを確認する必要があります。このような作業は、10分か20分ほどですみます。テレビのニュース解説番組1本分の時間でちょっと検索すれば、解説番組以上の情報を仕入れることができるのです。

社会問題に関する言説は、「100％正しい」または「100％誤りである」と言いきれるものは多くありません。しかし、数値データによってその正否が確かめられるものについては、完全に誤りであると言いきれるものもあるのです。

【チェックポイント 定義の誤解・失敗はないか】

定義に関する誤解も、「完全に誤りである」と断じることができる数少ないポイントです。

社会問題のなかでも経済問題では、そこで使う用語についてオフィシャルな定義があります。たとえば、デフレとはエコノミストなどが一般的に依拠するIMFや内閣府の定義では「一般物価水準の2年以上の継続的下落」を指します。特別な事情がない限り、このような「公式用法」をはずして議論をしてはいけません。したがって、ある主張がその用語の定義と矛盾しているならば、これは即誤りであると考えることができます。

定義の誤解に関して経済学者が好んで用いる例が、経常収支の決定要因に関する話です。経常収支は、財・サービスを海外に提供した金額と、財・サービスを海外から受け入れた金額の差です。ここでのサービスは労働サービスや資本サービスを含みます。財・サービスが国内から海外へ出ていった方が多いならば、経常黒字であると表現します。本書は経済学の解説書ではないため詳細は省きますが、経常収支は、会計

上のルールとして、国内貯蓄と国内投資の差額になるように定義されています。より正確には、

経常収支≡（民間貯蓄－民間投資）＋財政収支

のように分解できるのです。経常収支がプラスならば黒字、マイナスならば赤字です。なおここで等号を「＝」ではなく「≡」で書いているのは、この等式が常に成り立つ（恒等式である）ことを表しています。定義により等しいわけですから、「民間の貯蓄投資差額と財政収支の和を経常収支と呼んでいる」と言っても差し支えありません。

したがって、「民間貯蓄が増えたことで経常収支が赤字になった」「財政赤字が増えたので経常収支が黒字になった」という言及を含む主張は明確に誤りです。また、これに付随して「日本の経常収支が黒字なのは貿易に障壁があるからだ」という主張もきわめて「怪しい」と考えられます。日本国内の貯蓄・投資・財政収支の大きさが貿易障壁によって変化するとは考えづらい場合、このような主張は疑わしいと判断できるのです。

経済用語はその定義が難解なこともあり、用語の定義と矛盾する主張をよく見かけます。この手の主張を受け取る側にしても、個々の用語の定義を正確に把握しているとは考えづらいため、実は定義と矛盾しているような内容であっても、ついつい納得させられてしまうことがあるのです。

このような罠にはまらないための**第一の方法は、自分が知らない用語は確認する習慣をつけることです。**会議の席上で議論している場合や、メールなどでのやりとりが可能な場合には相手に直接「その用語の定義は何ですか?」と聞くとよいでしょう。もし相手が定義を知らない、または曖昧にしたまま、その用語を用いて議論をしているとしたら、あまり良心的な発言者ではないと判断できます。また、マスメディアから発信される主張や見解については、そうした主張や見解のカギとなっている単語が何であるかを明確にし、もしその単語の定義を知らないならば、本やＷｅｂで確認することが最善の予防策となります。

経常収支のように明確な定義があるのに、その定義を間違えたままで議論が組み立てられている場合には、その誤りに気づくことは難しくありません。より危険な問題——なんとなく納得し常識化するという事態に陥りやすいのは、定義自体が複数あったり、それが意図的であれ無意識的であれ、主張者が用語の定義を明確にせずに話を進めているようなケースです。

建設的な議論を行うには、そこで用いられる用語の意味が明確にされていなければなりません。日常用語の多くは複数の意味を持っているため、論理的に考えを進め、議論をするためには用語の定義が統一されている必要があります。定義を明確化することは話題を狭くすることでもあります。**正確な議論のためには話題はできる限り狭い方が望ましいでしょう。**

このような定義の明確化による話題の絞り込みは、学術論文を書く際の基本作法として大学院などではおなじみのものです。しかし、マスメディアで社会問題について語る際に「話題を狭める」ことは、視聴者・読者を少なくしてしまうという欠点があります。そのため、マスメディアを通じて行われる主張では、無意識に、ときとして意識的に定義の明示や話題の絞り込みが避けられる傾向にあるのです。

たとえば、「超能力は存在するのか？」という討論番組で、「超能力」の定義を明らかにしたうえで討論が始まるという例を私は見たことがありません。私は超能力問題についての専門家ではないためはっきりしたことは言えませんが、もし超能力の定義が「物理学の法則に反する現象を人為的に引き起こす力」ならば、超能力の存在を証明するのは非常に困難ですし、私はそのような能力は存在しないと思います。一方、超能力とは「既存の物理学では説明できない現象を起こす力」だとしたならば、これは論理的にはあってもおかしくないかもしれません。

このような定義の相違があるまま討論が行われても、そこからなんらかの意味ある結論に至ることはあり得ないのです。科学者は物理法則の普遍性を主張することで「物理学の法則に反する現象を人為的に引き起こす力」などないと主張し、自称超能力者とそのシンパたちは「既存の物理学では説明できない現象がある」という主張を繰り返すのみということになるでしょう。

その結果、超能力批判派の視聴者は「批判派が勝った」と思い、擁護派の視聴者は「擁護派が勝った」と感じるため、何か新しい見解を身につけるという意味ではあまり意味のある番組ではないということになるのです（もっとも、多くの視聴者を満足させたという意味では大いに意味のある番組なのかもしれませんが）。

社会問題に関してこのような定義のスレ違いから議論が無意味化してしまうケースの典型例が景気判断の問題です。内閣府経済社会総合研究所の景気基準日付によると、

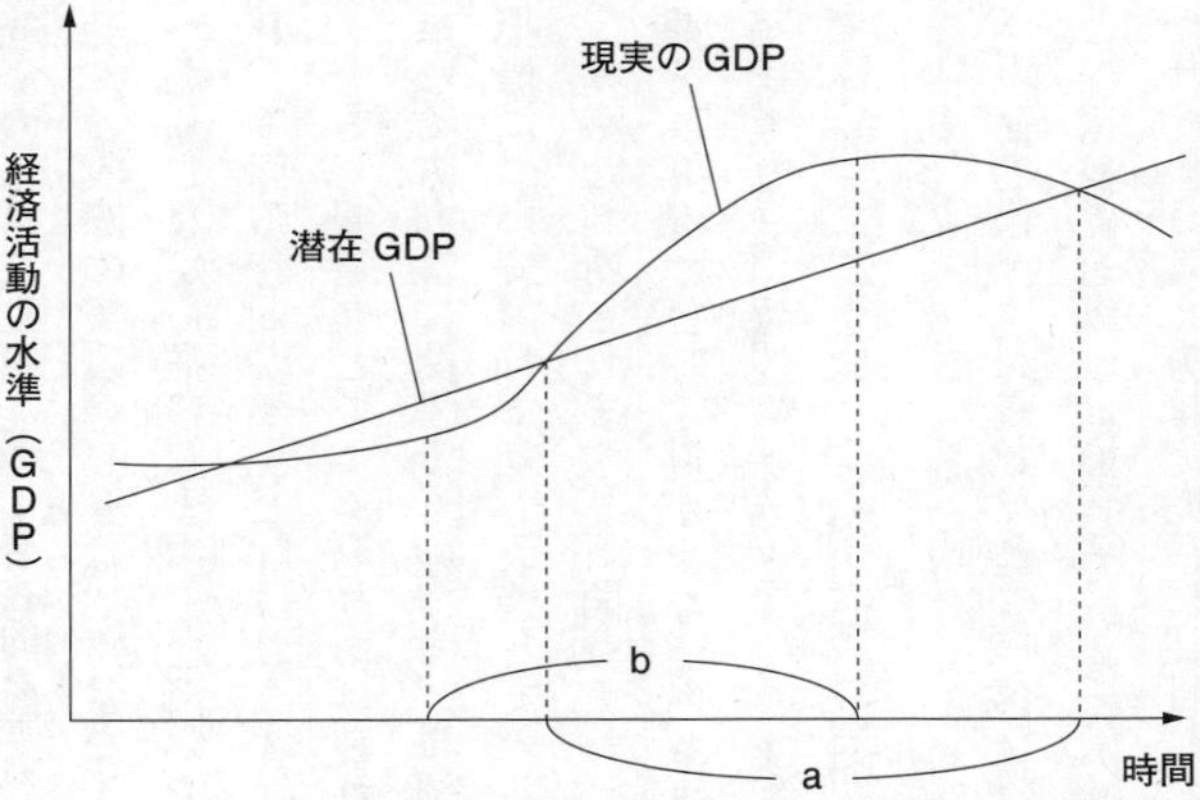

図2－2　景気循環の概念

２０１２年12月に始まった日本の景気拡大は２０１８年６月現在で67カ月に及び、いざなぎ景気（65年11月〜70年7月：57カ月間）を超えました。

しかし、現在の日本の景気がいざなぎ景気以上の好景気であると思っている人は少ないでしょうし、こんな状況で景気がいいとは到底思えないという感想を持つ方もいると思います。このようなスレ違いが生じる理由のひとつは、「景気拡大」と「好況」の定義の違いにあります。

景気循環の概念を大まかに示したものが図2-2です。一国経済全体の経済活動水準を表す実質ＧＤＰ（Gross Domestic Products：国内総生産）は、その国の経済の正常な生産能力（潜在的な実力、潜在GDP）といつも一致しているとは限りません。実際の実質GDPは、正常な生産能力である潜在GDP水準を上回ったり下回ったりしながら推移します。経済学では、潜在GDP水準を上回る時期が好況と呼ばれ、下回る時期が不況と呼ばれます。

一方、報道などでよく取りあげられる内閣府発表の「景気の拡大」は、その水準ではなく方向性に関するものです。単純化すると、景気を表すと考えられるさまざまな指標について前月よりも改善しているものが多いならば景気は拡大、そうでないならば縮小と判断されます。新聞やテレビなどでは、このような方向性としての景気拡大期を「好況」と呼ぶ例が少なくありません。図中の(a)を好況と呼ぶケース（これは経済学者好みの用語法です）と、(b)のような拡大期を好況と言うケース（ビジネス界などではこちらが主流です）が明確に区別されていないことが、議論を混乱させる元凶となり得るのです。

「現在の状況は到底好況とは呼べない」という主張は、好況・不況を潜在的なGDPとの比較において把握している人の発言、そして「現在はいざなぎ景気以来の好況だ」という考え方は方向性に注目した発言です。したがって、景気の現状判断や予想に関してはその発言者がどの定義に従って好況と不況を区別しているかに注意しなければなりません。

定義が曖昧であったり、定義が複数存在する場合、データによってその可否を判断することは非常に難しくなります。定義が明らかでない以上、どのデータを見ればよいのか自体わかりません。**このような議論に関しては、その誤りを見つけるというよりは、まずは疑ってかかる用心が必要です。**意図的に定義を隠し、より多くの人に受け入れられやすいように議論を構成するのは、その発言者自身が、定義をはっきりさせたら誤りであることがバレてしまうと考えているからです。また、**曖昧な定義を無意識に用いた議論から正しい結論が導かれたとしても、それは「まぐれ当たり」に過ぎない**のです。

【チェックポイント　無内容または反証不可能な言説】

定義を不明確にしたまま自説の展開を続けると、論理的一貫性が失われていくため、書き手は非常に苦しい状況に陥ります。つまりは、自分で何を言っているのか分からない状態になる。著作や雑誌などへのコメントを依頼される学者や評論家はその混乱状態をさとられまいとして、さまざまな技法を駆使します。

その代表的な手法が、さらに漠然とした、そして無内容な、それでいて誰もが納得する言い回しの多用です。難解で一見崇高そうな引用などもその重要なスパイスです。実際、高級そうな哲学書の一節が引用してあるビジネス書にお目にかかることも少なくないかと思います。

このとき、論理とデータを用いた説得は放棄され、第1章で紹介した説得術を駆使した議論が進められるようになります。無内容ではあるが多くの人の心にかなう主張と自説との類似性のみを根拠に議論を進めたり、そのようなストックスピールを繰り返すなかでこっそり自説を忍び込ませたりすることで、自説への支持を勝ち取ろうとするわけです。

これがもう一歩進むと、もはや完全に無内容だが「それっぽい」単語が書き連ねてあるだけという主張（?）になります。何も言っていないものを支持するというのもおかしな話ですが、無内容なだけに、誰からも強い批判を受けないという理由で「なんとなく常識なこと」へと成長しやすい素地を持っています。

定義を明確にせず、抽象的な議論を振り回す議論は、こうした無内容な主張の代表で

す。その典型例として、教育問題に関する提言を作文してみましょう。

80年代後半より産業構造の画一性が崩壊するとともに、従来の詰め込み型学習への偏向を見直し、ゆとりある教育が必要であるとの主張が重視されるようになった。しかし、その一方で、日本社会のあらたな担い手として必要な基本能力の充実もまた欠かせない。ここから、日本そしてグローバル社会の変容に対応する「生きる力」が教育の中心的テーマとして浮上する。「ゆとりある教育」と「生きる力」の形成をどのようにバランスさせていくかが、現代日本の教育政策にとって最大の課題となるだろう。

この例文のまずいところは、キー概念である「ゆとりある教育」にも「生きる力」にも定義がなく抽象的な単語にすぎないという点にあります。そして、それを包み隠すように「偏向を見直す」「基本能力」「バランス」といった、「なんとなくプラスイメージ」な言葉がちりばめられています。書いている私も何を言っているのか分かりませんが、なんとなくいいことを言っていそうな気がしますし、明確な誤りが含まれているわけでもないこのような主張にいちいち反論するのは大人げない感じがします。

このような無内容な作文は、論理やデータによる説明への導入部や前書きとしては許されるでしょう。しかし、本文においてもなおこのような抽象的な概念とイメージ醸成型の言葉のみで書かれた著作も意外と多いのです。

仮に、このような定義が明確でない「ゆとりある教育」「生きる力」を目標として教育政策が進められたとしましょう。生きる力を評価する物差しはありません。したがって、政策がうまくいったのかいかなかったのかを検証することは不可能です。その結果、「ゆとりある教育」「生きる力」に従った教育行政の責任を誰かがとらされることもないというわけです。これが、「国際学力比較テストで何ポイント平均スコアを上昇させる」という具体的な目標であったならば、それが達成できたか否かは一目瞭然で議論の余地はありません。このような場合に目標を達成できなかったならば、当然、責任はどこにあるのかという議論が起こるでしょう。無内容で検証不可能な政策的提案は、責任問題が生じないため、行政側としても非常に受け入れやすいものとなります。

ここで楽屋話を少々させていただきます。評論家や学者はたいていすでにどこかで発表したことのある話題に関して、原稿や講演の依頼を受けるものです。しかし、よほど優秀な書き手を除いて、同じ話題についてオリジナリティのある議論をするのは5回くらいが限度でしょう。私の場合は2回目から早くもつらくなってきます。かといって、雑誌原稿や書籍で同じ例やデータ、言いまわしを繰り返し使うわけにはいきません。ネタはほとんどないが、〆切は迫っている……。自分の持ちネタを小出しにして、少ないネタを引っ張る手法として、このような無内容な作文が登場してしまうのかもしれません。

以上のような理由により、**批判されにくく、検証が不可能で、書き手に優しい（?）主張がマスメディアのなかに多く流通することになるのです。**もともとが無内容な話なので、それが常識化したところでとくに害もないのではないかと思われるかもしれません。ところが、このような無内容な主張は使い方次第で有害な政策や誤った理解を人に信じ込ませるツールとして機能します。無内容なスローガンが広範な支持を得たとき、そのスローガンと関連性や類似性のある（ように見える）政策が無批判に支持されやすくなるのです。

このような無内容な話に取り込まれないように私自身が実践している対応法は、ごく単純です。それは、「無内容・反証不可能な部分を含む議論には真面目に取り合わない」というものです。

反証可能性とは、ある解釈が「その解釈が誤りである」ことを証明可能な形式になっていることを指します。そして、反証不可能か否かを確認するためには「この主張は、現実がどう動いたときに正しくて、どうなったときには間違いだと言えるのだろうか」と自問自答してみることです。また、第1章で取りあげた景気判断の万年○○派のように、いかようにも言い逃れができる構造になっていないかを考えてみれば、内容のある予想か否かを確かめることができます。

無内容で反証不可能な発言は、何かを主張するときよりも、何かを批判するときにより大きな力を発揮します。無内容で反証不可能な批判については第3章で再び論じることにしましょう。

【チェックポイント 比喩と例話に支えられた主張】

第4のチェックポイントは、主張を支える証拠の強弱についてです。定義が曖昧であったり無内容で反証不可能であったりする議論は、はじめから取り合う必要がありません。しっかりした定義と内容を持った主張の多くは、それに対応したデータがあるため、データ観察や現実との対比による検証も可能です。

しかし、このように定義が明示され、反証可能性を持った議論でも、データによる論証を行うには高度な分析ツールが必要とされるものや、そもそも数値化データで表すことのできないものがあります。この手の議論を、その分野の門外漢に説明をするときには、比喩と例話が用いられます。

論文・著作において、説明のための方便として比喩や例話を用いることそれ自体は問題ではありません。しかし、その前段の作業として必須の、**実証的な分析もなされないまま、比喩と例話で構成された主張は、基本的に信頼できないと考えた方がよいでしょう。**

経済の分野で比喩や例話のみから一般的な法則を導くことを、経済学者の三輪芳朗氏はアネクドート経済学（小咄経済学）と呼んでいます。三輪氏がアネクドート経済学の典型例として挙げるのが、「産業政策が日本の高度成長や安定成長を支えた」という話です。

「石炭と鉄鋼に重点を置いた傾斜生産方式の成功により、日本の高度成長への準備段階が整った」という話は、高校の授業などでいちどは聞いたことのある解説かと思います。城山三郎氏が小説『官僚たちの夏』で描いた、日本のために粉骨砕身する官僚たちが、安易な利益追求に走る企業を統制するために奔走するというストーリーは、「官僚による経済指導の有効性」イメージを上手に作り上げたと言えます。

傾斜生産方式や石炭から石油へのエネルギー転換といったごく少数の具体例、そして小説によって作られた印象論のみから、「産業政策が日本の高度成長や安定成長を支えた」という議論が受け入れられるようになっているのです。「通産省による業界への適切な指導が、過当競争による成長の停滞を回避させ、産業の安定的発展の原動力となった」とさらりと書かれていたならば、ほとんどの人が何の疑問もなく受け入れてしまうのではないでしょうか。

現に「産業政策による成長」という視点は、現代の官僚の不甲斐なさを批判するために（昔の官僚はすごかったなど）用いられていますし、90年代以降の長期停滞への政策的対応として産業政策の復活が主張されたりもしました（次世代型産業への保護・育成政策の必要性など）。

専門的な研究では、「戦後の日本の産業政策の成果が高度成長を生んだ」という考え方に否定的なものが多くなっています。通産省は企業の行動を変化させるような具体的な政策手段を持っておらず、実効的な拘束力のある規制を行ったこともほとんどないようなのです。つまりは「産業政策」と呼べるような政策自体が行われたことがないといえます。そして、数少ない成功例といわれる傾斜生産方式も、それを行うための全国的な経済統制が困難だったため、実効性があったかどうか疑わしいという批判が残ります。

しかし、当時の省令や通達などを詳細に検討した論文や、産業政策の手段といわれる関税保護や競争制限・補助金と産業の成長の関係の計量分析を理解するのは、経済学者以外にはきわめて高いハードルといえるでしょう。

そこで、この手の話題を例話や比喩で説明するものや、ことわざや格言を主な論拠とする主張に出会ったなら、その正反対の話を自分で考えてみることが役に立ちます。

たとえば、産業政策に関して「ある産業は通産省の保護のおかげで成長した」という例話が論証に使われていたならば、逆に「官庁の政策指導や保護を受けていたのに成長しなかった産業はないか、炭鉱や農林水産業はどうか？」、さらには「官庁の政策指導や保護をあまり受けていない、時には敵視されつつも成長した産業はないか、電気機械や自動車はどうか？」と考えてみればよいのです。

格言やことわざを論拠のひとつにしている場合にはこの作業はもっと単純です。正反対のことを言っている格言やことわざはいくらでもあるのです。

このように、例話がおもな論拠として用いられている議論に出会ったときには、まずそれが一般的に成立しており、反例が少ない話なのかを確認する必要があります。また、少々手間ではありますが、同じ話題について他の専門家がどのような判断をしているかを調べてみることも有用でしょう。

しかし、このような例話や格言を用いた論証はときとして強力に「心にかなう」「気分に合う」ため、以上に示したようなチェックを行う以前に納得してしまい、批判には耳を貸さないという状態になってしまうおそれがあります。**とくに注意が必要なのは、日常の話題からの類推を社会全体に適用するもの、歴史的な大事件を日常的な課題に用いるものの2つです。**拙著『経済学思考の技術』では、前者を拡大理論、後者を縮小理論と呼んで、根拠になっていない根拠の一例として注意を促しています。

拡大理論の典型は、インフレの負担に関する直感論法です。消費者にとって「モノが安い」こと自体は嬉しいことです。逆に物価の上昇は、他の事情（収入や失業の可能性）を一定とすればたしかに望ましくないことでしょう。このような直感を利用して「モノが高くなったら困るというのは直感的にわかるでしょう！　インフレは皆さんの生活を苦しくするのです」と主張するのが、日常感覚のマクロ経済への拡大理論です。インフレが経済全体に与える景気浮揚効果や非自発的な失業者の減少といった側面は、ここではすっかり無視されてしまっています。

おそらく、経済政策に関する新聞・雑誌の記事に興味を持つ人のかなりの部分が30代後半〜50代で大卒・勤労者・ホワイトカラーでしょう。彼らはもっとも失業しにくい階層に属しています。彼らは自営業者と違って、景気が変化しても収入はそれほど大きく変化しません。彼らにとって景気や失業率への影響は、それほど重要な話ではないのです。したがって、インフレの負担に関する拡大論法は、彼らにとって非常に心にかなうもの、ということになります。

縮小理論の典型は、ビジネス系月刊誌によく見られる、歴史上の偉人に学ぶ経済戦略・経営戦略といった話題です。歴史上の偉人のなかでも明治以前の人物については、その詳しい業績はわかっていません。本当のことかどうかもわからない無数の逸話から読者の心にかなう、「それっぽい」エピソードを選んでくればよいのですから、歴史的事例を使った縮小理論は、ことわざや格言を使った論法と同じだと言ってよいでしょう。歴史上の偉人はたくさんいますし、いろんなことをしていますから、探せばどこかには都合のいい人物や事件が見つかるものなのです。

このような縮小・拡大論法は、アネクドート以上になんの根拠にもなっていません。ここに挙げた例に関しても、自分とはまるで違う境遇の人が自分の人生にとってどの程度意味のあるデータなのかと自問自答したり、他の歴史上の偉人の存在を考えるだけで、その問題点に容易に気づくことができるでしょう。

【チェックポイント　難解な理論の不安定な結論】

最後のチェックポイントは、社会科学系の教養書を読み慣れている人に向けての追加的な論点です。教養書を読み慣れてくると、美しい理論展開や海外で話題の新しい理論に引かれるようになります。この傾向は、むしろアカデミックな学者にこそ当てはまると言えるかもしれません。

しかし、歴史的な新理論や新発見を除くと、新しい理論ほど適用範囲が限定された、「重箱の隅をつつく」タイプのものになる傾向があります。もともと難解な理論は、特定の限定された状況で正確な答えを導くために難しくなっているのです。経済学の分野では、たとえば、「通常の需要構造下で独占企業がどのような価格設定を行うか」を解き明かしても研究業績にはなりません。これは学部レベルの教科書に載っている話なので、「新たな発見」とはいえないからです。そこで、特殊な市場構造のもとで、特定の財務状況の企業がどのような価格設定をするかといった、より細分化された分野で新しい理論化が行われるようになります。

こうしたわけで、新しい理論は「特定の状況を説明するためにはきわめて優れたもの」である一方で、「それ以外の状況の説明としてはあまり使えない」という性質を持つことになります。一方、長年多くの分析に用いられてきた理論は、より広い状況に適用できる半面、厳密な議論はあまりできません。詳細な新理論と使い古された定番理論にはそれぞれ長所と短所があるのです。

社会問題を説明する仮説として新しい理論や難解な理論が妥当かどうかは、追加的な検証なしには判断できません。残念ながら社会科学の分野では、新しい理論の多くは海外の学者が、彼らの国での事例を念頭に理論化したものです。したがって、それを無条件に日本へ適用するわけにはいきません。

このような理論適用の妥当性を判断するに際して、従来の定番理論と結論が著しく異なる場合には、よりいっそう慎重に検証する必要があります。そのためには、経済学・社会学・政治学といった各分野の基本知識を身につけておくことが大切です。しかし、社会問題を考えるためにはまず関係分野の教科書を読むことから始めなさい、では不親切にすぎます。時間と手間がかかりすぎて、多くの人にとって実行できる対策とは言えないでしょう。教科書の内容を把握する、または書店で教科書を探す以前に、なんとなく納得して、その納得感に支配されるようになるのがオチです。基礎知識なしに、その場でできる判断方法はないものでしょうか?

これはなかなかに難しい要請です。しかし、それが意識的であるにせよ無意識的であるにせよ、議論を難しくしてなんとなく納得させてしまうためのお飾りとして新理論を借用しているようなケースについては簡便なチェック方法があります。その難解な理論の前提がしっかりと説明されているかを調べればよいのです。たとえば、前提部分をぼかすために比喩や陳腐な言い回しが多用されているようなケースは要注意です。

しっかりと前提の解説があれば、それがいま問題にしていることにとってふさわしいか否か、各自が判断すればよいでしょう。そして、その前提が歯切れの悪い形でしか書

かれていない場合、実はその書き手がその理論の適用可能性に自信がない、つまりはどうも怪しい話だと解釈できるわけです。

なお、前提についてなんの言及もないまま、「シカゴ大学の××教授の▲▲理論によると」などと書いて、いきなり結論に飛んでいる場合もあります。こうしたケースの多くは、書いている本人がその理論を理解していない可能性が高いので、読み飛ばしてしまってよいでしょう。

解釈型言説のチェック法

以上の5つのチェックポイントを用いて、解釈型の言説つまりは社会・経済問題の原因を分析するタイプの言説の妥当性をチェックする方法を考えてみましょう。

第一に、その言説で中心となっているキーワードの定義が明確であるか否かを確認しましょう。つまりは**【チェックポイント 定義の誤解・失敗はないか】**から考えるわけです。中心となる概念の定義が明確でない言説が有用な解釈を生むのは稀なことです。結果としては有用であってもそれは偶然にすぎません。したがって定義に致命的な問題がある、または定義そのものが全く曖昧な言説に対しては、安心して「この解釈はほぼダメだと考えてよいだろう」との判断を下せます。

次に**【チェックポイント　無内容または反証不可能な言説】**を用いて、一連の解釈が「意味のあることを言っている」ことを確認しましょう。何も言っていないならば、真面目に聞いても仕方がありません。無内容な話ほど、一見偉そうな引用や新理論による「厚化粧」がほどこされています。**【チェックポイント　難解な理論の不安定な結論】**で学んだように、なんの必然性があるのか不明なまま新理論の名前や難解なモデルを用いた結論が出てくる場合にはまず、「眉に唾して」かかるとよいかもしれません。なんらかの内容を伴った、つまりは反証可能な分析であれば、その分析が妥当かどうかは、現実を説明する力の有無で検証できるということになります。

ある主張がある程度明確な定義に基づいた、そして反証可能なものである場合、その可否を数値で確認できる可能性が高くなります。その場合には**【チェックポイント　単純なデータ観察で否定されないか】**を確認しましょう。明確に定義された用語を用いて、反証可能性のある解釈を行い、単純なデータ観察とも整合的である。この3つの条件がそろうならば、それは「かなり有望」と考えられます。

一方、単純なデータ観察が難しいような話題については、議論の展開の際に多くの比喩や例話が用いられます。そこで、【チェックポイント 比喩と例話に支えられた主張】の基準にしたがい、話をわかりやすく伝えるための比喩と例話なのか、それとも無根拠な強弁をごまかすための比喩と例話なのか、考えなおしてみましょう。これをまとめると、

【チェックポイント①　定義の誤解・失敗はないか】
【チェックポイント②　無内容または反証不可能な言説】
【チェックポイント③　難解な理論の不安定な結論】
【チェックポイント④　単純なデータ観察で否定されないか】
【チェックポイント⑤　比喩と例話に支えられた主張】

となります。メディアで流通する言説のかなりの部分が、以上の５つのチェックポイントをクリアしていません。ただし、これらのチェックのみで唯一の正解やもっとも有用性の高い解釈にたどりつくこともまた不可能です。したがって、これらのチェックを行うことは「より詳しく考えるべきアイデアは何か」を絞り込む役割を果たして

いると考えることができます。

政策提言を評価する際の留意点

解釈型の言説と提言型の言説は別のものではありません。ある社会問題についての解釈があり、そのうえで（その解釈が正しいならば）効果が高いと思われる対策があるのです。たとえば、「90年代以降、日本経済が長期的な停滞状態にあるのはデフレのせいだ」という解釈があってはじめて、「停滞の主要因であるデフレを止めるためには金融緩和が必要である」という提言型の言説が導かれます。

提言の前提に解釈がある以上、**誤った解釈から導かれる政策提言の有用性は低いと考えられます**。したがって、①〜⑤のチェックポイントを無事クリアする解釈と整合的な提言を中心に、その可否を検討していけばよいということになるでしょう。正しい対策を考えるためには正しい解釈が必要となるのです。

ただし、政策提言を評価するに際しては、もうひとつ追加的な注意が必要です。それは、**100％正しい解釈を得ることは不可能に近く、必ず成功する政策もないという、ある意味当たり前の事実です**。なかには、何年（または何十年）もの時間をかけて精査すれば正しい解釈を得ることができるものもあるでしょう。しかし、ほとんどの問題は、それでは手遅れです。

このような状況では、「その対策が誤りだったときにどうするか」という視点が大きな意味を持ちます。必ず正しい解釈、確実な対策など望むべくもないのです。失敗したら致命的なダメージが社会に及ぶような政策提言は、よほどその正当性が確実でない限り実行すべきではありません。一方、失敗してもたいしたダメージにはならない政策提言については、「とりあえずやってみたらどうだ！」と考えられるのです。

これはある意味、当たり前の評価方法だと思われるかもしれません。しかし、政策問題に関する討論のなかでは、しばしば忘れ去られているポイントといえます。論争がヒートアップすると、自説の方が他の説よりも（ほんの少しにせよ）正しい可能性が高いという点に議論が集中してしまうのです。

純粋にアカデミックな論争であれば、どちらがより正しい解釈かをめぐって競うことこそが王道といえるかもしれません。しかし、経済政策や社会政策は、現実の人々の生活にかかわる案件です。万が一の場合に対する配慮の有無は、政策提言の評価には欠かせません。

そして、失敗の可能性が皆無ではない対策を実行するときにもうひとつ必要なのが、コンティンジェンシープランの有無という視点です。**リスクのあるプランを実行し、そのリスクが現実のものとなった場合、そのリスクから受けるダメージを軽減する方法と手続きをコンティンジェンシープランといいます。**問題が発生したときに「二の矢、三の矢」が用意できているならば、そのプランは優れていると考えることができます。

政治家のなかには「仮定の話はできない」と言う人が少なくありませんが、こと政策立案に際しては「もしダメだったらどうすればよいか」という**仮定の話**（=コンティンジェンシープラン）**が整備されているか否かこそが重要なポイントなのです。**『失敗の本質——日本軍の組織論的研究』（戸部良一他、中公文庫）は、第2次世界大戦での日本軍の作戦がコンティンジェンシープランを全く欠いていたことが、失敗時のダメージを拡大し、さらなる悲劇を生むこととなった例を多く挙げています。

第3章　予想される「反論」に答える

次章以降では現代日本の社会・経済に関する代表的な言説を取りあげ、第1章を応用することで「その言説が常識化したのはなぜか」を考え、第2章で紹介したチェックリストを使いながら「どのような点に気づけばその常識が誤りであるとわかるのか」を考えていきたいと思います。

多くの人にとってこれは、「疑いようもない常識」を否定する試みです。第1章で説明したように、私たちにとって「自分が正しいものとして受け入れた考え方」を否定されるのは苦痛です。より単純に、本書で紹介した機械的な手法への違和感を覚える人も少なくないでしょう。しかし、細かな技術上の批判はあるかもしれませんが、**これこそが社会科学の基本的技法であると私は考えています。**これまでの時事評論の世界では、このような社会科学的な手法を用いて議論されることは多くありませんでした。もちろん私の分析は完全というにはほど遠いものです。したがって、誤解や分析力の不足への批判も多いかと思います。しかし、前章のチェックリストやそれを用いた実践例への予想される批判のうち、批判として適切ではないものも少なくないと思います。以下に挙げる、本書に対して想定される批判はいずれも、さまざまな問題の解釈や提言を、印象論による「なんとなくそんな感じがする」という段階へ引き戻そうとして行われます。本章では、それらの反論についてあらかじめ答えておきます。

「真の幸福」論法

第2章のチェック方針は、定義を明確化し、無内容な言説を避けることによってその解釈の正否を判断可能にするというものです。さらに一歩進んで、数値データによる確認ができるように工夫するというのも、経済学はもとよりあらゆる社会科学の研究においてしばしば行われる〝作法〟です。

たとえば、「人々の経済的な豊かさを考えたい」という場合について考えてみましょう。はたして「豊かさ」を厳密に定義することなどできるのでしょうか？　定義できない単語をいくら追求したところで意味のある結論は出てきません。このように定義が明確でない概念を用いて議論を進めても、そこで得られた結論について「そんなものは豊かさとは言えない」といった反論が始まると、「真の幸福とは何か」という神学論争になってしまい、収拾がつかなくなります。

議論を建設的に進めるためには、「豊かさ」と関連が深く、それでいて明確な定義を持った変数を探すことからはじめなければなりません。「人々の経済的な豊かさを考えたい」場合に、経済学者が重視する数値化可能な豊かさの指標の代表が、国民の所得総価値を表すＧＤＰ、とくに１人当たりＧＤＰです。つまりは、国民全体での所得が多いということはそれだけ多くの財を誰かが使っているわけですから、経済的な豊かさも上昇しているだろうと考えるわけです。

しかし、分析対象をＧＤＰに集中させる方法もまた「ＧＤＰなどで真の豊かさは測れない」という反論を招くことになります。これは多くの批判者が誤解しているようですが、**「ＧＤＰこそが豊かさを測る最善の統計である」と考えている経済学者などいません。あくまで、さまざまな分析や提言の妥当性をデータによって検証するためのツールとしてＧＤＰを利用しているだけの話です。**そして、仮に「財政政策はＧＤＰを上昇させる」という結論が得られたならば、少なくとも、「財政政策は豊かさを表すひとつの指標（であるＧＤＰ）には良い影響がある」という具体的な結論にまで到達することができます。このような主張への反論は「豊かさを表す別の指標である××は財政政策によって低下する」というものでなくてはいけません。

一方、「本当の豊かさとは何か」という視点にとどまると、「豊かさを数値化することなどできないのだから、データなど観察してもしかたがない」という結論に傾きかねません。このようにはじめから反証不可能な議論を出発点にしてしまうと、分析や提言の妥当性を測る手段は失われてしまい、具体的に何をすればどうなるのかというレベルまで議論を深めることができなくなってしまいます。

ちなみに、この「本当の××はそんなものではない」という論法は何にでも使える便利な批判の方法です。たとえば、自分が勤める会社の業務会議の席上で、Ａさんの提案する作業の効率化策が自分にとって損になる、またはＡさんを個人的に嫌いだという場合には、「そのような小手先の手法で改善が果たせても、はたして本当の意味での効率化と呼べるのだろうか？」と批判すれば、頭を一切使わずになんとなく反論「っぽい」発言が可能となります。

このような「本当の○○は」「真の××は」という命題は哲学的な響きがあるためか、愛用者が非常に多いようです。しかし、「真の豊かさとは何か」「本当の幸せとは何か」という類の問いに答えはありません。仮にあったとしても、それが正しいのか否かを検証することは不可能なため、「確かにこれが本当の幸せだ」と確認することができません。これでは初めから考えるだけ無駄といってよいでしょう。「真の」「本当の」という言い回しがナンセンスであり、その探究が不毛であるということは土屋賢二氏の著作(9)に詳しいのでご参照ください。

「真の××」論法は、決して勝負がつかないフィールドに論争を持ち込むことで、少なくとも「間違いだということが確実になる」ことだけを避けようとしているのです。これは第1章で言及した、はずれない予言を繰り返して信頼を勝ち取るのと似た戦略です。

「データは現実を表していない！」

データによる検証への批判は、「数値化されたデータは、真の現実を捉えられない」といった漠然としたものだけではありません。「真の××」論法とは異なり、ある意味まっとうな批判として、数値データ、とくに統計データの持つ欠点を指摘することでそのデータを用いた検証を疑問視するというものがあります。統計データには確かに、無視できないほどの誤差が含まれることがあります。そして、分析目的に合ったデータを選ばないと、データによる検証自体が不正確で役に立たないものになってしまうでしょう。

しかし、誤差の問題があったとしても、それが即、「データによる検証を不可能にする」とは限りません。分析の目的によっては誤差がかなり大きくても、それほど大きな問題にはならないという場合もあります。

ここでもGDPを例に考えましょう。GDPとは、その国の国土において1年間に新たに生み出された価値総額の把握を目的に作成されています。そしてGDPはいくつかのルール[10]に基づいて作成されています。そのなかで、多くの批判にさらされているのが市場取引の原則です。

GDPにカウントされるのは「市場で取引された財・サービスのみ」です。したがって、家族による家事労働やボランティア、おいしい空気を吸い綺麗な町に住む快適さなどはGDPには入りません。そのため、専業主婦が行っていた家事を家政婦に依頼すると市場で取引されたことになり、「やってることは全く同じ」だとしても、GDPに計上される価値額は増えます。

また、これまではアルバイトを雇って行われていた通学路の警備を、地域住民がボランティアで行うようになるとGDPには計上されなくなり、GDP減少要因となります。同じ経済活動が行われていても、GDPの値は変わってしまうのです。この問題をとらえて、「このようなあらっぽい統計を使った検証は信頼するに値しない」という非難がなされます。

もちろん、問題点のない統計があれば、それを用いるに越したことはありません。しかし、右に述べたような問題は必ずしも致命的な問題とはならないかもしれないのです。実際には、例として挙げた家政婦によるGDP引き上げやボランティアによるGDP引き下げ効果など、無数のショックが加わっています。プラスのショックとマイナスのショックがともに発生しているならば、結果として導かれるGDPの数値は、このような問題がなかった場合に計算される「その国の国土において1年間に新たに生み出された価値総額」とたいして違わないでしょう。GDPが、「その国の国土において1年間に新たに生み出された価値総額」に比べていつも高めに算出されたり(これを「上方バイアスがある」といいます)、低めに算出されたりしている(下方バイアス)のでなければ、他によりよいデータがない限りは次善の策としてGDPを利用した検証を行うべきだと考えられます。

さらに、上方や下方にバイアスがあったとしてもその大きさや比率が一定であったならば、ほとんどの分析において大きな問題は生じません。その時計の表示時間が5分進んでいる、つまりは正確なものではないとしても、「この時計は5分進んでいる」ことを知ったうえで見ておけば十分に有用でしょう。または、メートル法で測っても尺貫法で測っても、「どちらが長いか」を知るうえでとくに差が生じるわけではないといってもよいかもしれません。

さらに、バイアス（歪み）の大きさが一定ならば、GDPの変化にバイアスはないということになります。このように変化した部分や変化率に注目する手法は、計量経済学の分野では「差分をとる」と表現されます。バイアスの大きさ自体が変化していても、変化の傾向が一定ならばこれもまた簡単に除去することができます。このように、ちょっとした工夫を施すだけで回避できる欠点も少なくありません。

データによる検証にとって、より適切なデータを用いた検証を行うべきだという批判は避けられない、そして正当な指摘です。しかし、このような批判は、問題のあるデータから意味のある結論を導くにはどんな工夫が必要か、あるいは追加検証を行うには他のどのようなデータを用いればいいのかという、「後につながる」議論のために行われるものです。決して、データがダメだからデータ検証はできない、不要だという話ではありません。

データを用いた検証を行う訓練を受けていない人のなかには、データの欠点を致命的なものと考えてしまいがちです。しかし、むやみな批判は、議論をつぶすというネガディブな結果しかもたらしません。**代替的なデータや改善案の提示が見られないデータ批判に出会った場合には、まずは疑ってかかる必要があるでしょう。**

それとは逆に、数値データならばなんでもかんでも信じてしまうという人もいます。これもまた困った姿勢です。再びGDPを例に考えましょう。GDPは数多くの統計を加工して作成される2次統計です。個々の統計収集に誤差や脱漏はつきものですし、集計されたGDPの金額からインフレやデフレといった影響を取り除く際にもさらに誤差が発生します。

ごく短期の、たとえばGDPの4半期データ1期分の変化を見て一喜一憂することにはほとんど意味がありません。ある年たまたま誤差が大きかった（小さかった）だけかもしれないのです。したがって、GDPはごく短期の動向を見る指標としては適切なデータ選択ではありません。その場合には、鉱工業生産指数や第3次産業活動指数、主要な指標の内改善しているものと悪化しているものの割合を示すDI（ディフュージョンインデックス）などが用いられます。複数の指標に同時に同方向の誤差が生じたり、いつもと違う傾向の誤差がたて続けに発生するのは稀です。したがって、複数のデータを見る、ある程度の期間の傾向を見ることには十分な意味があるでしょう。

このように、データへのむやみな批判とデータへのむやみな盲従はともに議論を誤らせるもととなります。とくに、データへの批判については、それが改善への指摘でない限りあまり真に受けても仕方がないでしょう。

「総合的な思考」という詐術

データによる検証への拒否反応は、より根本的には、データ検証が可能になるまで問題を細分化・明確化することへの心理的な抵抗感に根差しているのかもしれません。

これは拙著『経済学思考の技術』への批判に触れて強く感じた傾向です。

前著と本書に通底する、問題を解釈するに当たっての私の基本姿勢は、

①　問題を適切に分割し

②　個々のターム（用語）の定義を明確にし

③　パートごとにデータによる検証を行う

というものです。以下このプロセスを「分析的思考」と呼びましょう。人間は、というと大げさですが、少なくとも私は複雑で多岐にわたる現実の問題を、複雑なまま理解できるほど頭が良くありません。現実をはじめから「丸ごとそのまま」「総合的」に解釈することなどできないのです。ある現象をその関連事項まで含めて完全に理論化するモデルは、「世界そのもの」しかありません。「世界そのもの」を直接把握できるなら、理論など必要ないでしょう。人間の能力に限界があるが故に、自分の頭で考えられるように問題を切り分け、その個々の部分について検討した後で全体像を再考するというプロセスが必要となるのです。

しかし、このような簡単化・細分化という方針は、「問題を矮小化している」という非難をつねに浴びせられます。経済学者が用いる数理モデルのように、一見不自然な仮定を置き、極端な単純化を行うと、現実世界の複雑な諸要因を排除してしまうことになるので意味がないという主張などがその典型でしょう。現実の問題は複雑で多岐にわたるため、総合的に考えなければならないというわけです。

細分化・簡単化という方法論と、総合的思考という方針はある意味対立しています。

そして後者は、意味がない（解釈のための方法論とはとても呼べない）と私は考えます。確かに、錯綜した問題を一気に把握し解決策を導くことができるような天才も、どこかには存在するかもしれません。しかし、通常私たちは、現実の問題を解釈し、正しい解釈に従って解決策を考えるというステップを踏みます。解釈の過半は、細分化し簡単化することにほかなりません。天才の手によらない「総合的な思考」には、分析的思考による解釈を拒否し、印象操作による説得術によって論争の決着をつけようとする動機に支えられているものが少なくないように感じられます。

その例として、ＢＳＥ問題について「総合的」に考えてみましょう。

例文１

ＢＳＥ（牛海綿状脳症）の原因として有力視されているのは、通常の細胞タンパクが異常化したプリオンである。異常化したプリオンは、通常の加熱調理などで取り除くことができない。我が国では脊髄・回腸などの危険部位の焼却を義務づけるとともに、検査によってスクリーニングが可能な21カ月以上の食用牛について全頭検査を行っている。一方、米国ではこのような全頭検査は実施されていない。したがって、食品安全の観点からも、米国産牛の輸入再開は時期尚早であるといってよいだろう。

例文2

BSE（牛海綿状脳症）の原因は、特定されているとはまだ言えない。現在有力視されているプリオン原因説が正しいとしても、特定危険部位と呼ばれる脊髄・回腸などを摂取しなければ罹患の恐れはない。米国での検査態勢も、特定危険部位の除去、サンプル検査の拡大によってその精度を増しており、国産牛と比べ安全面での差はないと考えられる。したがって、米国産牛の輸入禁止措置はその根拠が稀薄であり、早期の輸入再開は当然の措置である。

例文1は米国産牛の輸入再開に対する反対論を、例文2は早期再開論を総合的に論じた（私の）作文です。現在では健康牛のBSE検査は廃止されていますが、むしろ過去の話題だからこそ冷静に両者を見比べることができるのではないでしょうか。どっちもどっちというのが正直なところかと思います。ふたつの例文で示されている根拠にたいした差はありません。異なるのは「言い回し」と「注目個所」のみです。このような総合的な作文をいくら聞かされても、もともと自分がなんとなく持っている気分と一致する方を正しいと思い、そうでない方を誤りだと思うのみで、それ以上の役には立ちません。

このように、確かなデータに基づかない「総合的な判断」をいくら聞かされたところで、その評価は自分がもともと感じていた気分次第になってしまうのです。総合的な分析（?）は新しい知見を生みません。

ＢＳＥとそれに伴う米国産牛の輸入禁止問題は、

(a)　プリオン説の妥当性
(b)　プリオン説が妥当である場合の感染リスクの評価
(c)　米国と日本の検査態勢の差は、危険度の差をどの程度生むのか
(d)　米国からの輸入禁止措置の経済的損失
(e)　(c)と(d)の比較

のように、少なく見積もっても5つのパートに分けて考えなければなりません。これらのうち(b)(c)(d)は定量評価が可能です。これらの各パートについて理論と実証の両面から結論を得た後に、「米国産牛を輸入することで年何件くらいの人間のBSE感染があり得るのか」と「米国からの禁輸はどのくらいの経済的損失をもたらすか」などを比べて結論を出す必要があるのです。

各分野の専門家が、このように分割された個々のパートについて門外漢にもそのエッセンスがわかるように解説をしたなら、(a)から(d)を踏まえた比較考量(e)を国民全員で考えていけばよいのです。

ところが、メディアなどで食品の安全が語られるとき、畜産や食品衛生の専門家が登場することは稀です。BSE問題に限らず、分析的思考が論争の中心になるとデータや専門用語が登場せざるを得ず、単純な善悪によって問題を斬ることができなくなってしまう。そのため、問題を適切に分割し

↓個々のタームの定義を明確にし
↓パートごとにデータ検証を行う

という分析的思考がメディアで語られることは少なくならざるを得ません。

一方、大学教員や研究所員といった一種のサラリーマンである専門家には、学問的な結論をわかりやすく解説するインセンティブはありません。一般向けの解説をいくら積極的に行っても業績にはなりませんし、教養書はそれほど部数が出るわけではないので金銭的に報われることもありません。そのため、「なんとなく不安」だから「念のため禁止」といった印象論にいちいち目くじらを立てる専門家は少ないのです。

複雑な問題を複雑なまま考えても、新しい知見は得られません。そのため、「総合的な思考」に基づく議論は、いきおい説得術のみの勝負になりがちです。こうなると、議論の決着は、「常識」と「空気」によって決まるということになってしまいます。そこには分析や解釈の妥当性、対策の有効性を問う「分析的な思考」が入り込む余地はないといっていいでしょう。

分析的な思考の弱点

ここまで、分析的思考の長所ばかりを挙げてきましたが、分析的思考にはある意味致命的な欠点があります。それは、論点が明確化されているため、それに対する疑問も出されやすく、予想に関してもそれが当たったかはずれたかがはっきりわかってしまうという点です。論理的に語ることは自説のメリットだけではなくデメリットをもさらけ出すことになるのです。

その結果、分析的思考に従う限り、「なんだかわからないけれども雰囲気的に賛成だ」といった漠然とした支持を得る方法、必ず当たる（またははずれない）予言による信頼の深化といった一連の説得術を使うことができないのです。

分析的に解釈され、理論的に導かれた命題は明確なものです。ただし、「明確な主張」と「確実な主張」は別モノであるという点に注意しなければなりません。計量経済学的な分析によって、「所得税を3年にわたってGDPの1％分減税すると、0・4〜0・5％のGDP刺激効果がある」という結論を導いたとしましょう。

この結論は明確ですが、もちろん確実ではありません。計量分析の前提がおかしいといった批判がいつでも可能でしょうし、実際にGDPの1％に当たる減税が行われた後には、その分析の正否が数字となって現れてしまいます。このように、分析的思考は反論に対してオープンなため、個々の分析に対する鋭い批判につねにさらされることになるのです。

さらに、結論や提案の内容が明確なため、お手軽に反論することが可能になるという問題もかかえています。その典型がデータに文句をつけ、簡単化という思考法そのものを批判する方法で、提言型の言説についてならばその失敗のリスクのみを強調するやり口です。100％正しく、文句のつけようがない提言など存在しません。したがって分析的思考から導かれる提言には、その気になればいつでも反論することができます。そして、問題を分割し整理しているがゆえに、提言の持つリスクについてもはっきりと書かれているので、この種の批判は誰でもお手軽に実行できるのです。

これは分析的な思考の宿命であり、そうした批判を通じて分析をさらに精緻化していくきっかけを与えられるという点で、むしろ望ましいことでもあります。しかし、手軽な批判は、議論をブラッシュアップしていくよりも、「あなたの言説は誤りであり、私の話が正しいのだ」という「ほのめかし」に主眼が置かれるのです。これは論理的に誤りです。「Aは誤り」という命題が「Bは正しい」という結論を導くのは、AとBの間に排中律が成り立っている場合に限定されます。

排中律の関係は、命題Aが「彼の名前は鈴木である」で、命題Bが「彼の名前は鈴木ではない」というような場合に成り立ちます。この場合、Aが偽ならばBは真ですから、Bが正しいことを示すためにAが誤りであることを証明するのは正しい手続きです。しかし、Bが「彼の名前は佐藤である」という言及であったなら、Aを否定したところでBが正しいことを論証したことにはなりません。

もちろん、いくらお手軽な批判とはいえ、明らかに論理的に間違った主張に出くわすことは稀です。大抵は、「あなたの主張は誤りであり、私の話が正しいのだ」と直接主張するのではなく、「それっぽい」雰囲気を醸し出して議論を誘導するにとどまります。しかし、私たちの判断は雰囲気による誘導にきわめて弱いものです。その結果、論理的には誤った推論、つまりは「彼の名前は鈴木ではない可能性があるので、佐藤なのだ」という、普段ならば到底受け入れ難い言及にすら納得してしまいかねないのです。

虚無論法

分析的思考にしたがって社会・経済の問題を解釈し、その解釈にしたがった提言を行ったとき、その手法や手続きが正しければ正しいほど繰り返される批判があります。それは、「あなたの分析は素晴らしいかもしれないが、100%正しいというわけではない」という批判（?）です。これは「君間違い、俺正しい」といった「ほのめかし」に比べ控えめで、それでいて強力です。**単純な事実や定義自体に関する言及を除くと、100%正しい解釈や100%有効な提言など存在しません。**そのため、この種の批判はつねに「正しい言及」です。

しかし、このような批判は、つねに正しいがゆえに無意味です。こうした批判を受けたならば、「そう言われればそうなのですが……だから何なんですか?」と返す以外に返答の仕方はないでしょう。

たとえば、(A)「所得格差是正のために相続税を上げるべきだ」、(B)「所得格差是正のために相続税を増税するのはむしろ有害である」という2つの主張があったとしましょう。ある研究では(B)を分析的に導き、データによって確認が行われているとします。

しかし、（A）を正しいものとして納得済みのY氏にとって、その「納得感」を放棄することは大きな心理的負担になります。そのとき、（A）を自説としている評論家が「（B）の分析が100%正しいとは限らない」との批判を行ったとしましょう。Y氏にとってこの評論家の発言は、自分が過去に納得したことを否定するという心理的に抵抗のある決断を下さないための免罪符として機能します。つまりは、Y氏にとってこの評論家の話は強力に「心にかなう」のです。「完璧とは言えない」という批判の仕方は、もともとその結論に批判的な人々を引きつけるうえで非常に有効です。

これと同様に、提言型の言説に対してしばしば寄せられるのが、「その政策によってすべての問題が解消されるわけではない」という批判です。たとえば、「長期的な経済発展のためには規制緩和を行い、自由な競争状態を整備していかなければならない」という提言（C）に対して、「規制緩和は万能ではない。所得の個人間格差や地域格差の問題はどうするのだ」という批判（D）がなされたとします。これは経済論壇で繰り返しみられるやりとりです。しかし、この批判もまた無意味で無内容なものである疑いが強い。

提言（C）が語っているのは、「経済発展」のためには「規制緩和が有効だ」ということのみです。多岐にわたる現代経済の問題のうち、経済発展というポイントだけに絞るならば、ふさわしい政策は規制緩和であるとの主張に対し、（D）は何の批判にもなっていません。

経済政策の基本命題のひとつにティンバーゲンの定理と呼ばれるものがあります。これはごく単純に言うと、「異なる政策目標を達成するためには異なる政策手段が必要である」という定理です(11)。経済発展と所得格差の問題が別ものである以上、両者を同時に解決する政策は、通常は存在しません。

そして、もうひとつの経済政策の基本命題がマンデルの定理です。これは、ある政策課題の達成にはその達成にもっとも有効な（低コストの）手法を用いるべきであるということになります。マンデルの定理にしたがって政策を割り当てると、その政策の総コストは最小ですみます。したがって主張（C）は、長期的な経済発展のために割り当てるべき政策は規制緩和である（その他の政策課題についてはそれに適した政策手段を別途考えるべきだ）と主張しているだけなのです。

国民全体に影響が及ぶ社会・経済問題に対して完全な解釈と確実な提言を求めるとい

う姿勢それ自体は、誠実な態度ではあると思います。しかし、「完全ではない」「確実ではない」という理由で、比較的妥当性が高くてリスクが低い、コンティンジェンシープランを伴う政策を斥けるのは、問題解決をむしろ遅らせる要因にしかなりません。

「君間違い、俺正しい」「それですべてが解決するわけではない」という議論をさらに強力にしたものが、「世の中に確かなものは何もない」という反論の方法です。**これを私は虚無論法と言っています。**繰り返し言及しているように、この主張は全く正しいのですが、問題はその利用法です。このような虚無論法を出発点にしてしまうと、考えるという作業自体が否定されてしまうことがあるのです。

このような虚無論法を多用する人に人気があるのが、相対性理論やカオス理論といった先進的な科学的知見です。たとえば、

> アインシュタイン以前には絶対の真理だと思われていた古典物理学は、相対性理論の登場によって誤りであったことが証明された。このように、ある時点で絶対正しいと言われていた理論も、後に誤りであることが証明されることがある。したがって、Xという結論も絶対的なものではないのだ。

といった議論です。しかし、物理学とか相対性理論といった「難しげな」単語はこけおどしで、この文のメッセージは結局、分析的に導かれた結論を「なんとなく」否定しているだけのことで、まともに取り合う必要はありません。

このように考えると、虚無論法による反論は「世のなか理屈じゃねぇんだよ」という「ボヤキ」と何ら変わらないことに気づきます。「世の中理屈じゃねぇんだよ……だから俺の言い分が正しいんだ」という主張（？）は心情の吐露でしかなく、問題の解釈や解決に何ら資するところがありません。気心の知れた旧友に居酒屋でグチるならまだしも、これを何か意味のある批判だと思っている人の発言は、相手をするだけ時間の無駄だといってよいでしょう。

「自然な状態」という発想の不自然さ

虚無論法を出発点とした議論が本当に正しいと考えているならば、特定の言説ではなくあらゆる言説について「正しいかどうか分からない」と主張すべきです。すべての政策は、ルーレットかくじ引きで決めればよいということにさえなるでしょう。もっとも、このような「あなたも私も何も分からない」という言説自体が多くの人に歓迎されることはありません。そうしたときに虚無論法の使い手がしばしば持ち出すのが、「自然な状態」「通常の状態」という考え方です。

たとえば小泉政権の構造改革に関して、「従来の経済構造に人為的にメスを入れることで、これまで積み上げられてきた日本社会の自然な姿が崩壊した」といった批判を耳にしたことは多いでしょう。「中央銀行が無理矢理マネーをじゃぶじゃぶ供給したせいで、通常時の金融市場の働きが妨げられた」といった、量的緩和政策に関する批判も同様です。

しかし、このような「自然信仰」は論理性に乏しく、時として「不自然」です。構造改革前の日本経済や量的緩和前の金融市場が「自然」であるという考え方は、無批判な現状肯定主義にすぎません。

「社会の自然な状態」という文言には明確な定義がありません。その結果、「自分がなんとなくよいと思っていることや状態」を、「自然」「通常」という言葉に置き換えて納得してしまいがちになります。右の例と正反対の主張をも「自然」「通常」といった単語を使って表現できることに気づけば、「自然の……」「通常は……」という枕詞の無意味さがよく分かるでしょう。

> ――「各種の規制によってゆがめられていた日本の産業構造を、構造改革によって本来の自然な姿へと誘導するべきだ」
>
> ――「デフレ不況で、自然な金融市場の機能は崩壊してしまった。大胆な金融政策によって、市場を〝元のレール〟へと押し戻さなければならない」

といった主張は（少なくとも構造改革路線や大幅な金融緩和に賛成の人にとっては）大変説得的なのではないでしょうか。

このように「通常・自然だからその方がよい」という考え方は、「通常」「自然」という言葉のなかに「正しい」という意味を含んでしまっているため、単なる同義反復にすぎないのです。

現実の問題を考えるとき、分析的思考には2つの異なるスタイルがあります。ひとつは、現在の基礎的な状況はもう動かせない（所与の）ものとして改善の方法を考えるというものです。もうひとつは、ゼロベースで考えることです。後者では、あたかもシム・シティというゲームで一から街をつくっていく場合のように、すべての前提を無視して最適な状況というものを考えていきます。そして、すべての前提を抜きに考えた最適状況へ向けて、現在の状況にどのような手を加えればよいかを考えるわけです。応用・政策論系の経済学者は前者を、理論専攻出身の経済学者は後者を好む傾向があるようです。いずれのスタイルを選択するにせよ、自分がなんとなく考えている理想状態ではなく、「現状」「すべての前提がない状況」といった客観的な地点を出発点にする必要があるわけです。

しかし、**ここで取りあげた意味での「自然論法」の出発点は主観的なものにすぎません。**自然論法は、政策提案を戦略的につぶすために多く用いられます。長く行われてきた方法に異議が生じたとき、「これまで行われてきたこと＝自然＝よいもの」という反論を展開するわけです。２つ目のイコールはきわめて怪しく、自然の定義次第でどうとでもなると言ってよいでしょう。

もっとも見苦しいバックグラウンド論法

分析的な議論に対する「反論にならない反論」のうち、もっとも見苦しいのがある種の属人論法――その人の職業や学歴といったバックグラウンドによる反論です。属人論法は本書で紹介したさまざまな批判と組み合わせて用いられます。

論理的に考えれば、発言者の人格や経歴とその発言の是非は無関係です。業界団体のスポークスマンであるケースやもっと直接的な利害関係者であるという場合を除くと職業や経歴と主張内容には関係がありません。しかし、私たちがある議論に納得するプロセスにおいて重要になるのは感情です。酒税の増税や買い物袋の有料化などの話題について、大新聞の論説委員を務めているニュース解説者が「われわれ庶民にとって厳しい時代になりましたね」と発言しているのを見ると、「おいおい！　おまえは庶民じゃないだろ」とツッコミたくなるのが人情でしょう。**この「人情」を利用して、ラポール（信頼関係）を突き崩し、分析的な結論の説得力をそぎ落とそうとするのが属人論法です。**

批判する相手が学者や官僚であれば「実社会の経験もないくせに……」、大企業の役員であれば「エリートの論理だ……」、新興企業の起業経営者に対しては「成金の考えることは……」などと発言者の経歴に合わせて、いくらでも批判の言葉を考えることができます。この他、発言者が自分よりも年下ならば「若いくせに」、年上ならば「今時もう古い」と言えばよいのですから、批判方法としては万能（？）です。

分析的思考に対する批判は、発言者の経歴を批判し、その主張が真の問題解決とは言えないと非難し、そのデータ分析は現実を反映しているとは言えないとこき下ろすことで行われます。そのうえで、100％正しい議論はなく、だからこそ（自分が言うところの）自然で通常の対策こそがベストなのだとすれば……これは「無意味な反論」としては百点満点と言ってよいでしょう。

本章では、分析的に解釈して結論へと至る思考法に対する「ありがちな」批判にあらかじめ答えておくことにしました。これは、次章以降の議論に対する無用な反論を防ぐだけでなく、それ自体が誤っていて、無意味で、無内容な議論を生み出していることを明らかにするためでもあります。次章からは、日本の社会・経済をめぐるさまざまなダメ議論を見ていくことになりますが、そのなかには本章と前章で言及した「ダメの元」が数多く詰まっています。

第4章　日本経済のダメな議論

思考の練習問題

聴衆や読者を説得することは、すべての言論活動にとって重要な目標です。そして、説得の「技法」のひとつが、聴衆や読者に共感（ラポール）を抱いてもらうこと。第1章では、私たちの「納得」というプロセスが、論理よりも共感によって決定されることを説明しました。実際、あらゆる言説においてラポールの形成とその補強のために説得術が用いられています。これはその言説が、論理的・分析的であるか否かを問いません。

言説に対する私たちの評価は、時として、その論理的妥当性や実証的検討の有無ではなく、そこで用いられる「説得術」の巧拙に左右されています。無理からぬ心理とは言え、説得術の上手下手とその言説の妥当性や有用性は本来無関係です。自分にとってより役に立つ言説を発見するためには、第2章のチェックポイントを用い、第3章で取りあげた不毛な批判に足をすくわれることなく、それぞれの考え方を吟味しなくてはいけません。

しかしながら、理屈だけ聞いてこのような思考法を実践できる人はほとんどいないでしょう。そこで、本章では社会・経済に関する「どこかで聞いたことのある」議論、なかでも典型的なダメ議論を取りあげ、それを第2章・第3章のチェック方法によって検証してみたいと思います。

本章は思考法の練習問題集〔ドリル〕です。ただし、いくら問題集とはいえ、現実とは何の関係もない論理パズルのようなものばかりでは退屈してしまうかもしれません。そこで以下では、2000年代の日本の社会・経済で大きく取りあげられた問題に関連する話題を用いることにしましょう。**【チェックポイント④ 単純なデータ観察で否定されないか】**に関連してデータがしばしば登場しますが、その際にはできる限り専門的な調査研究資料ではなく、白書などから簡単に入手できるものを選びました。いずれもネット上で入手できるため、以下の議論のなかで疑問を持った場合には、ぜひともご自分でデータを探して考察していただきたいと思います。

なお、本章および次章での検討を読み進めるに当たって、ご注意いただきたい点があります。それは、本書での批判は「議論の仕方への批判」であって、結論や提言への批判ではないという点です。例文で提案されている政策のなかには、別の理由に基づいて、少なくとも私には賛同できるものも少なくありません。本書はあくまで「ダメな議論」に関する解説であることを心にとめておいていただきたいと思います。

「最近の若者」批判のダメさ加減とは?

古代エジプトかメソポタミアの石碑に「最近の若者はなってない」という旨の言葉が書かれていると噂されるほどの万古不易の論題――「青年論」「若者論」に関するダメな議論から取りあげてみましょう。

若者に失われてしまったもの

ニート問題、心を病むひきこもり少年、凶悪化する少年犯罪など、若者をめぐる問題は深刻化の一途をたどっている。日本社会を覆う閉塞感によって若者から夢が失われてしまったこと。将来に向けての理想、それを目標に自分を突き動かすものとしての「夢」を抱くことの出来ない環境が若者を生きづらくしている。

現代の若者は、自分自身の将来像としての夢を形成することが非常に困難な状況にある。戦後間もないころ、そして高度成長期には、理想とする自分や望ましい生活を想像することは容易であった。安定した衣食住の確保、後には新しい電化製品に囲まれた生活、マイ・カー、マイ・ホーム……欲しい物はいくらでもあった。しかし、日本の経済水準が向上し、私たちにとって物質的な欲望は飽和してしまったといってよいだろう。その結果、物質的な満足という「夢」は消失してしまった。このような状況のなかで非物質的な夢を持つためにはどうしたらよいか分からない。若者のそんな迷いがある者を足踏みさせ、ある者を暴走させているのが、近年の若者をめぐる問題の発端なのではないだろうか？

いつの時代でも若者に対しては、なんとなく文句を言ってみたいものではないでしょうか。「最近の学生はホントに勉強ができないなぁ」とか「自分らの頃は少なくとも興味を持った分野については一所懸命、勉強しようとしていたのに」といった感想や感慨は、比較的若者との接点の多い大学教員同士においてさえ、時候の挨拶のように交わされています。ところが先日、同じような感想を高校時代からの恩師に漏らしたところ、「むしろ、君は大学に遊びに行ってた代表人物だったただろ？」と言われてしまいました。「最近の若者」批判は、すでに若者ではなくなったすべての人にとって、自分のことを棚に上げて好きなことが言える楽しい話題なのです。こうして生じた「最近の若いモンはどうもイカンね」という感想は、25歳以上のほとんどの人が心のどこかで感じていることです。このような感慨にさまざまなお化粧がほどこされることで、ほとんどの大人にとって心にかなう言説が作り上げられていくのです。

このようなラポール（信頼関係）があると、その言説の論理的な正確さや実証的な妥当性を検討することなしに「なんとなく納得」してしまうことになります。こうした言説についてこそ、第2章で紹介した手法を中心にしっかりと検討していかねばなりません。

それでは、例文について具体的に検討してみましょう。最初に使うのは**【チェックポイント①　定義の誤解・失敗はないか】**です。

「夢」とはいったい何でしょうか。「夢」に厳密な定義はありません。その意味を絞り込んでも、せいぜい「自分の将来に望むこと、やりたいこと、希望」といった程度のものにしかならないでしょう。このような定義の曖昧さは日常生活で用いる言葉に共通する特徴です。確かに厳密で無機質な単語ばかりでは、会話も味気ないものになってしまいます。しかし、何らかの論理的な結論を得ようとする場合には、このような曖昧な定義から出発することは許されません。曖昧な対象について考えても、曖昧な結論しか得られないのです。そして曖昧な結論や提言は、後でそれが正しかったか否かを評価できませんから、容易に**【チェックポイント②無内容または反証不可能な言説】**に陥ります。

経済学者は、このような定義が厳密でない対象を取り扱う際に、(1)定義が厳密ではないから経済学の問題としては取り扱わない、(2)展開する論旨にとって扱いやすい定義を考案し、その定義を元に議論をはじめる、のいずれかを選択するでしょう。法学者は日常用語との混同を避けるために明確な定義を持つ法律用語を作る（あるいは用いる）ことでしょう。社会学者ならば、定義が厳密でない用語、たとえば「夢」という言葉が持ちうる意味を列挙しグループ分けすることで、「いま問題にしている〝夢〟とは何か」を明確化することからはじめようとするかもしれません。このように、なんらかの形で対象を明確化するというのは、社会科学的思考の出発点なのです。

これに対し例文では定義が不明確なまま、「近年の若者には夢がない」という主張へと続きます。「何を指すのかよく分からないもの」を「持っているか否か」と言われても、調べようがありませんし、その「何を指すのかよく分からないもの」がないとなぜ罪を犯したり、ニートになったりしなければならないのかも反証不可能です。

結局のところ、例文の主張を支持するか否かは水掛け論にしかならず、その結果、若者がなんとなく気にくわないという気持ちが強い人はラポールをもとにこの主張を支持し、そうでもない人はこれを支持しないというだけの話になってしまいます。

例文では難解な理屈や最新の研究結果はとくに登場しませんから、次に検討すべきは**【チェックポイント④ 単純なデータ観察で否定されないか】**です。少年犯罪については第2章ですでに紹介したように、それが急増しているという見方は、データ面から見て疑わしいといっていいでしょう。また、ニートの問題については本章のなかで取りあげますが、やはり「若者がダメ」だから「ニートになる」という考え方は非常に疑わしいといってよいでしょう。

先の例文は、**【チェックポイント⑤ 比喩と例話に支えられた主張】**に照らしても大きな問題を持っています。物質的に満ち足りたから夢がないという発想は、陳腐な漫画やドラマのストーリーでおなじみなため、つい首肯してしまいがちです。お金持ちだけど家庭がうまくいっていないとか、両親が仕事で忙しく子どもは孤独といった家庭よりも、貧しくとも家族仲良く暮らしている方が幸せだといった筋立てを、私たちはうんざりするほど見聞きして育ってきました。資産家の家に生まれて何不自由なく生活ができるせいで、やるべきことが見つからないといった話も、おなじみのものです。例文に明示されない部分で、誰もが知るストーリーを利用した説得術が使われているのです。

「十分豊かな日本人」という主張もデータに照らし合わせると疑問です。先進国のなかでは日本人の所得は下位グループに属しています。データから考えて問題があるうえに、生活水準が高くなって「もう欲しいものがない」ので消費が停滞するのは仕方ないという見解にはより深刻な問題があります。本当に、欲しいものがないという人は多いのでしょうか？　少なくとも私は、欲しいものがたくさんあって困っています。都心のマンション、もっと広い家、別荘、最新のＡＶ機器やパソコン、高級車、リッチな海外旅行……といったバブリーなものだけではなく、安全な医療・介護・保育サービスなどなど欲しいものは山積みなのではないでしょうか（私の想像力が貧困でこの程度しか思いつきませんが他にもいろいろあるでしょう）。本当に「欲しいものが全くない」という人は、給料の一部、少なくとも昇給分くらいは恵まれない人達や慈善団体にでも匿名で寄付してほしいものだと思うのですが、そのような人の例はあまり聞きません。

私たちは、少なくとも建前上は、物欲をあらわにするのは恥だと考えがちです。したがって、「物質的な満足ばかりではいけない」「物質的欲望には問題がある」という要素を含む主張に出会うと、(表向きは) 否定しにくい――それを否定するのはどうも大人の対応とは言えないと感じる。このように否定できない言及を重ねて、誰もが少なくとも表向き反論しにくい話に自分の主張を混入させるという方法は、典型的なコールドリード型説得術といってよいでしょう。

例文では、定義が不明確であってもプラスのイメージがある「夢」を軸にして、それをあまり持っていないというマイナスイメージの状態にある現代の若者が、犯罪やニートという、やはりマイナスイメージのある状態に至るという構成になっています。コラムとしては新奇さはないものの、多くの人が安心して読める内容になっているため、ついつい納得、またはスルーしてしまいがちです。

しかし、第2章で挙げたチェックポイントのうちひとつたりともクリアしていないという点で、まったくもってどうしようもないダメな議論です。しかし、簡単で短いメッセージは時として大きな力を持ちます。簡単で短いメッセージこそ、慎重に検討していかねばなりません。

続・ダメな「若者」批判

夢を育むための若者塾を！

若者が「夢」を失って久しいと言われる。若者が自分の将来について自分なりの夢を育み、それに向かって努力をすることは社会を活性化する大きな条件である。若者が夢をとり戻すためにはどうすればよいのであろう。

評論家の東大太郎氏は20代男女へのアンケート調査を通じ、「好奇心が強い」「チャレンジ精神が旺盛」「独立の希望がある」場合に、人は「夢がある」と答える傾向があるとしている。一方、自分で自分のことを「優柔不断」「努力は苦手だ」と考えている者は「夢がない」と答えるケースが多くなっているという。この結果は、現代の若者に対して政策が行うべきことを考えるうえで、重要な示唆を与えてくれる。

強い好奇心とチャレンジ精神を若者に教え、独立への希望を抱かせることで、若者は夢を持つことができるようになる。しかし、学校教育では教科に関する知識を伝えることがその中心となっており、人間力を形成するうえで重要な要素となる「夢を持ち、それに向けて努力する」ということが伝えきれていない。教科に関する知識だけではなく、人間力の形成を主眼とする教育システムの改革が必要だろう。しかし、学校教育の改革には時間がかかる。しかも、フリーターやニートといった状態で現に立ちすくんでいる多くの若者の問題にも対処していく必要がある。こうしたなかで、一つの方法が、若者塾での再教育である。とくに、フリーターやニートに対して起業の方法を教えることは、強い好奇心とチャレンジ精神を育み、独立への希望を抱かせるという目的にとって、もっとも直接的な援助となるだろう。

この例文は、「若者に失われてしまったもの」という例文の続編といってもよい内容で、教育改革と若者塾の設立が提言されています。このような、若者の精神面での課題を解決するために公的な再教育を施すという方向性は、すでに既定路線になりつつあると言えるかもしれません。ここに挙げた例文は、(分析的な思考なしに)説得術を駆使して「非常に極端な結論を、当然のことのように納得させようとしている」言説の典型例になっています。

個人主義や自由主義的価値観を重要なものと考えている人は、直観的にこの議論の危険性を感じたかもしれません。一方、自由主義的な価値観に批判的な見解を持っている人には、例文の議論を受け入れやすい素地があるのではないでしょうか。私は戦後民主主義を擁護するつもりも非難するつもりもありません。本書が目指すのは、思想信条とは無関係にダメな議論を機械的に判別するための方法論を示すことだからです。そこで再びチェックリストを機械的に当てはめることからはじめましょう。

まずは、**【チェックポイント①　定義の誤解・失敗はないか】**です。すぐに気づくのは、先に批判した「夢」をはじめとして、例文のなかで中心的に取り扱われている「好奇心」「チャレンジ精神」「独立心」といった単語のすべてが、明確な定義なしに用いられているという点です。何を意味するのかわからないものを「持たせ」たり「教え」たりするというのは、何とも分からない話です。

仮に「夢がない」と言う若者が増えているとしても、必ずしも「若者が夢を抱かなくなった」ということを意味しない場合もあります。たとえば高校生に「あなたには夢がありますか」と質問をして、「イエス」と答える人の率が次第に減ってきている、という結果が得られたとしましょう。

しかし、ここから「若者が夢を抱かなくなった」と結論するのは正確ではかもしれません。「若者は将来の希望を〝夢〟という単語で呼ばなくなってきている」「〝夢を持っている〟という言い回しを近年の若者はダサイと感じている」というだけの話かもしれないからです。これは明確な定義のない価値に関する質問につきまとう根本的な問題です。漠然としたイメージを持つ言葉から出発すると、追加的な調査や論理を重ねていっても**【チェックポイント②　無内容または反証不可能な言説】**をクリアしない議論にしかたどり着けません。

例文では東大太郎氏のアンケート調査が用いられていますが、こうした引用は**【チェックポイント③　難解な理論の不安定な結論】**から考えて、不適切な参照の仕方かもしれません。「夢」「好奇心」「チャレンジ精神」「独立心」といった、定義の曖昧な単語を用いてアンケート調査をするのは、多くの場合、「夢を持つためにはどうしたらよいか」という問題を考えるためではありません。「夢」という言葉と親和性の高い言葉は何か、または日常会話のなかで「夢」という言葉はどのように使用されているかを知ることで、漠然とした定義しか持たない「夢」という単語がどのようなイメージを持って社会的に流通しているかを調べるためでしょう。

例として挙げた調査から言えることは、「夢という言葉は、好奇心を持って独立にチャレンジするといったイメージで使われることが多い」というものであって、「夢を持つためには独立心が必要だ」というものではないのです。例文は、その本来の意味を理解することなしに、学者の調査から都合の良い部分を説得術のひとつとして利用しているにすぎません。

アンケート調査の問題点

定義が明確でない日常用語をキーワードにした論説では、アンケート調査の結果がしばしば援用されます。しかし、アンケート調査は便利な一方で、多くの問題を抱えていることにも注意しましょう。

最大の問題は、ほとんどのアンケート調査では「本当のことを答えるインセンティブ」が保証されていないことにあります。アンケート調査にどう答えても、損も得もしません。その結果、実際には金銭的な損得ばかりを気にしている人が、それを正直に言うのはきまりが悪いので、「金銭的な問題は重要ではない」という質問に「イエス」と答えたりするかもしれません。

損得が生じないアンケートでは、匿名のものであっても、少しだけ自分を飾る（社会的に正しいとされている選択肢を選ぶ）傾向があります。だからこそ、絶対値ではなく同種のアンケートの回答の変化を負うと行った工夫が必要です。

また、損得が関わらないときの回答は、ちょっとした誘導によって変化しがちだという点も見逃せません。たとえば、「北朝鮮のミサイル実験について不安を感じますか」「中国での反日デモへの政府の対応として望むことは何ですか」といったアンケート項目に続けて、両国へのイメージを回答させたならば普段考えているよりもかなり厳しい答えが目立つようになるでしょう。ちなみに、新聞各社の世論調査で内閣や政党の支持率に大きな差が出るのは、質問の方法（聞き方）や順序が異なることもその一因です。

実験経済学では本当のことを答えるインセンティブを保証するために、被験者に報酬を支払うようにしています。

たとえば、あるゲームを被験者にプレイしてもらい、その行動の成果に応じて金銭的な報酬を支払うのです。(12)このような実験経済学の手法も、「実際の経済とは動く金額が違いすぎるので、現実の経済行動を再生できているか疑問だ」という批判を受けることがあります。実験経済学ですらそうなのですから、どう答えても一定額の協力料しかもらえないアンケート調査の信頼性はもっと疑わしい、というわけです。

話を例文に戻すと、アンケート調査の結果を不適切に用いた末に提言されるのが、教育改革の必要性です。現在の学校教育に問題がないと考えている人はいませんから、これは比較的受け入れやすい提案ということになるでしょう。「人間力」という正体不明ではあるものの「なんとなく重要そう」なものを育む改革が提言されているため、それを否定的にとらえることには少々抵抗を感じてしまいます。

少し疑わしい議論に出くわした際には、その本質をつかむために、わざと極端な例を想定してみることが有用です。

若者が「強い好奇心とチャレンジ精神、独立への希望を持ち」「夢を持ち、それに向けて努力する」ようになるためにはどうすればよいでしょう。手段を問わないとしたならば、方法は簡単です。飲まず食わずでマラソンをさせ、現在の自分を徹底的に批判させ、「希望を持たねばならない」「チャレンジせよ」という演説をヘッドホンで何日でも聞かせる——要するに洗脳すればよいのです。

もちろん、例文のような主張をする人は「若者を暴力的に洗脳せよ」と言っているわけではないでしょう（ブラック企業の例を見るとそうとも言い切れませんが……）。しかし若者塾の提言は、人間の性格や信条を変化させることで問題解決を図るという点で、ソフトな形で洗脳活動をしようと主張しているのと同じなのです。「その通り！　洗脳活動が必要なのだ」という主張も十分考えられます。しかし、このように主張の中身が明確化されると、「やはりどこかおかしい」と感じる人も多いのではないでしょうか？

このように、耳あたりがよいのでついつい賛同してしまいがちだけれども、実はかなりアクの強い主張をしているという例は少なくありません。耳あたりのよさにつられて、よくよく考えれば反対したであろう主張に納得してしまうという事態は、ぜひとも回避しなければなりません。教育をめぐる議論は誰もが一家言もっていることでしょう。だからこそ、自分の気分になんとなく合うというだけで賛同してしまうことのないよう十分な注意が必要です

ニート論議の錯誤

さらに2000年代前半の若者論として忘れてはならないのがニート・フリーター

問題です。これも現代の視点から振り返ると、当時の典型的な論調の問題点をスムーズに理解できるのではないでしょうか。

ニート問題への根本対策

現在、正規の職に就かず、アルバイトを主な収入源としているフリーターの人数は４００万人を超える。20代は自分が生きていくための基礎的な能力を蓄積する重要な時期である。職を転々としていては、職務上のスキルはもとより、生きる力そのものを獲得する機会を失ってしまうことになるだろう。フリーターの増加は人的資本にとって大きなダメージであると考えられてきたが、90年代末になって、より深刻な問題が顕在化してきた。

それが、アルバイトすら行っていない若年無業者（ニート）である。内閣府のデータによると、15歳から34歳で就職・就学していない若年無業者の数は、１９９２年時点では１３０万人に過ぎなかったが、２００２年には２１０万人に増加した。10年間で約１・６倍になったのである。

確かに20代にとって、アルバイト先は豊富にある。好きなときに働き、好きなときに自分の時間を持つという自由は素晴らしいものと感じられるだろう。また、両親が健在であればその収入にパラサイトして暮らす方がはるかに楽である。しかし、そのような選択の自由はいつまでも続かない。彼らが40代になったころには、手軽にはじめられるアルバイトも、かじるべき親のスネもうないのである。

政策サイドからはフリーター・ニートの増加がはらむ深刻な問題に対して、職業訓練などの対策が行われている。しかし、より根本的な対策は、若者の近視眼的な行動の問題点を彼らに教えることではないだろうか？ 彼らの生活スタイルが抱える深刻な問題をわかりやすく伝えていくことこそが、問題を根本から絶つための第一歩であるといえよう。

ニート、フリーター問題が注目された二〇〇〇年代にはフリーターやニートを個人の問題として考える議論が主流でした。問題視する言説の背景にあるのが、フリーターとニートに関する以下のような固定化されたイメージです。

フリーターまたはフリーアルバイターという言葉が世に登場したのは、バブル期です。それは、収入面で多少の問題があっても、会社に縛られずに自由に生きるというものでした。多くのサラリーマンにとってフリーターの生き方は、衝撃と多少の憧憬を与えたことでしょう。一方、ニートの方は、この言葉が流行し始めた当初から、「ひきこもり」「親のすねかじり」といった、ネガティブなイメージを伴っていました。ここでは、ニート問題から考えていきます。

【チェックポイント①　定義の誤解・失敗はないか】の観点から検討します。ニートを文字通りに解釈すれば、Not in Employment, Education or Training（就労・就学・訓練中でない）ということになります。この定義にもっとも近い統計が内閣府定義の若年無業者です。内閣府による「若年無業者に関する調査（中間報告）」によると、例文の通り、若年無業者の人数は92年から2002年にかけて約1・6倍にまでなっています。

しかし、この若年無業者の定義は、多くの人のイメージするニートの定義とは異なります。ニートという単語はもともとイギリスの労働政策統計での専門用語だったのですが、これが日本に輸入されるときに微妙な変化を遂げました。

ニートというタームが流行するきっかけとなったのは何といっても『ニート――フリーターでもなく失業者でもなく』（玄田有史・曲沼美恵、幻冬舎）です。その副題にも表れているように、日本では「ニートは失業者ではない」、失業者ではないということは「就業の意思がない」というイメージが定着しました。したがって、日本版ニートの定義は「未就職・未就学かつ職業訓練・就職や起業の準備中でなく就職活動をする気もない者」ということになります。

ニート・フリーター問題の見方

本来の定義によるニートの数と日本版ニートの数とは大きく異なる可能性があります。そこで、「若年無業者に関する調査（中間報告）」の数値を用いて確認してみましょう。同報告では就業構造基本調査に基づいて、若年無業者を「高校や大学などの学校及び予備校・専修学校などに通学しておらず、配偶者のいない独身者であり、ふだん収入を伴う仕事をしていない15歳以上34歳以下の個人」と定義し、そのなかで無業者を求職型・非求職型・非希望型の３つに分類しています。

求職型の無業者は、現在職探しや開業の準備をしているという点で失業者に他なりません。一方、非求職型の無業者は、何か収入になる仕事をしたいと思っていても現時点では就職活動や開業準備など具体的な行動を起こしていない人を、非希望型は

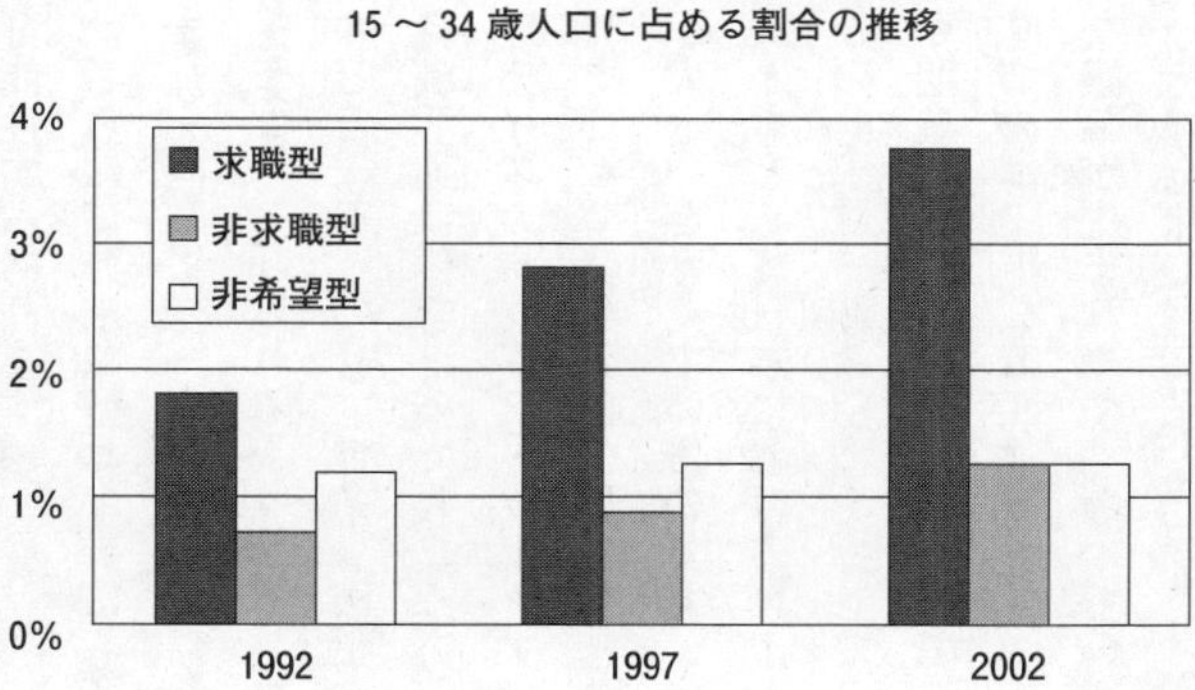

（出典）svnseeds' ghotil

図4－1　無業者類型別

「何か収入になる仕事をしたい」という考え自体を持っていない人を指します。日本版ニートにもっとも近いのは、非希望型、少し範囲を広げても非求職型＋非希望型の無業者ということになるでしょう。

図4-1は同調査のデータを用いて無業者類型別の15～34歳人口に占める割合の推移を示したものです。一見してわかるように、若年無業者増加のほとんどが求職型の無業者、つまりは失業者の増加であることが分かります。日本版ニートに当たる非求職・非希望型無業者の割合は急増というよりも微増、統計誤差などを考慮すると一定もしくは減少している

可能性すらあります(13)。

さらに、非求職型ニートにも多くの人がイメージするニートとは異なる人たちが含まれている点にも注意が必要です。ディスカレッジド・ワーカー（discouraged worker）と呼ばれる人々がそれに当たります。就職活動はなかなか大変な作業です。すると、不況のせいで多少頑張ったくらいでは就職できそうにないという場合には、就職活動自体を止めてしまう方が合理的な場合があります。ディスカレッジド・ワーカーは「贅沢こいてる」から就職活動をしないわけではありません。就職活動をしても無駄だ、就職活動で得られるものよりもそのコストの方が大きいと考えているのです。

ときとして日本におけるニートの議論は若年無業者全体を指しているのか、そのなかの非求職・非希望型を指しているいわゆる日本版ニートのどちらに関する議論なのか明確でないものがほとんどでした。そのため、失業者がその大半を占める本来の意味でのニート（若年無業者）増をもって、日本版ニートの増加と混同してしまうような議論が生まれやすくなっています。

その意味で、「日本版ニート」という概念は、その定義自体が失敗していると言わざるを得ません。他国では異なる意味で用いられている言葉を使うのではなく、指示対象にあった造語に基づいて議論をしていれば、今日のような誤った若者像が定着することも議論が混乱することもなかったのではないでしょうか。

第2章で**【定義の誤解・失敗はないか】**をチェックポイントの筆頭に挙げたのは、「定義の誤解・失敗」が、反証不能な命題や「新理論」の不適切な援用、データを無視した議論や比喩・例話による説得といった、ダメな議論の温床を形成するからです。ニートの定義に注意しながら落ちついてデータを見れば、「(日本版)ニートの急増」という見方はかなり誇張されたものだということに気づくはずです。

定義づけに失敗したまま、ある種のイメージが形成され、それが多くの人にとって「当たり前のこと」になると、第1章で説明した常識化のプロセスが始まります。ベースに「ニートだのフリーターだのはけしからん」という心性がある場合には、「けしからんニートやフリーターの話」は心にかないやすく、その積み重ねが「けしからん」という見解を強固なものにしていきます(14)。

このような過程を経て、「親の収入で毎日ネットをして、ぼんやり暮らしているニート」「〝将来のことなんかしらねーよ〟と言いながら、正社員を馬鹿にするフリーター」のエピソードが、あたかも無業者やフリーターの平均像であるかのように感じられるようになるのです。いうまでもなくこの種の議論は、**【チェックポイント⑤ 比喩と例話に支えられた主張】**に基づいて否定しなければいけません。

フリーターに関するイメージも、**【チェックポイント④ 単純なデータ観察で否定されないか】**に照らして問題が多いと言っていいでしょう。

『平成14年度就業構造基本調査』によると、アルバイトとして雇用されている男性は約270万人、そのうち80万人が現在転職を希望しており、そのなかでパート・アルバイトへの転職を希望している者は17％にすぎません。また、2006年度版『厚生労働白書』によると、20代男性のフリーターのうち、正社員としての職を10年以内に希望している者は85％、10年後もパート・アルバイトでの雇用を望んでいる者は0・1％未満です。

こうした調査結果からも、ニートやフリーターの問題を考えるときには、「最近の若者の心構えが悪くてニートやフリーターが増えた」という視点を出発点にするのではなく、「雇用情勢が厳しいから無業者やフリーターが増えた」「日本版ニートはせいぜいここ10年で微増したにすぎない」という視点から出発する必要があるということが分かるのではないでしょうか。

近年、景気が回復する、少なくとも最悪の状態を脱したことで若年層の就業率は急激に上昇しています。こうしてみると、２０００年代前半のニート議論で見られたように、若者の意識改革を図ったり、ニート・フリーターであることが将来大きな痛手となることを説得するといった対策は的外れなモノであったと言えるでしょう。正社員での就職口が限られていた以上、誰かがニートやフリーターにならざるをえなかったのです。これは、日本の全高校生を徹底的に勉強させても、各大学の入学定員は一定のため、一流大学に入る人数は変わらないのと同じです（もちろんみんなが勉強するのはすばらしいことですが）。

感情から切り離して議論せよ！

若者論、とくに若者批判はメディアのなかでしばしば大きく取りあげられてきました。前述の通り「最近の若者は……」という台詞は、古今東西の年長者にとって心にかなう、受け入れやすい議論です。さらに、年齢でいえば若者に属する人のなかでも社会問題に興味のある人は、「周りの同世代の連中と自分はちょっと違う」と考えている人が多いのではないでしょうか。

かくして、潜在的な読者を含めて、評論を読むような人のほとんどは、「最近の若者は……」論に同調的となります。お客様あっての商売ですから、ニュースや評論などの「堅めの話題」は若者に批判的なものとならざるを得ません。さらに、若年層の失業率が高いことについても、それは若者自身に問題があると考えておいた方が（若者以外にとっては）気が楽で、政策などの失敗の責任問題に発展しないということも、若者批判に拍車をかけているのではないでしょうか。

メディアで大きく取りあげられることで「なんとなく常識」となり、なんとなく納得してしまった場合、そこから抜け出すのは容易なことではありません。かつて流行した「新人類」「悟り世代」のように若者気質を面白おかしく取りあげている程度であれば実害もないかもしれませんが、ニート・フリーター問題のように、教育制度改革や若者への強制再教育といった実際のアクションにまで問題が波及する怖れもあります。**本当にそうした政策が有効なのか――それが自分の気分に合う話ならばなおのこと、感情から切り離した冷めた議論が必要なのではないでしょうか？**

ダメな経済論議の「?」

　これまでの議論では、2000年代前半の若者論を題材に「ダメな議論」がいかなる形で受け入れられてきたのかを考えてきました。筆者の専門である経済に関する議論でも「なぜ常識化しているのかわからない」レベルの誤りがあたかも当然のもののように世に受け入れられているケースがあります。

　共感や拒否感がなくても——つまりは心にかなうという意味でのラポールがベースになくても、なんとなく受け入れられ、それが私たちの心の中に定着してしまうケースがあるのです。

　ひとたびある考え方を「常識」と考えるようになると、そこから、自分自身の常識に近いから受け入れやすい話、自分の常識に反するから受け入れがたい話が固まっていきます。経済に関する解説にはそのような「なんとなく常識化するプロセス」の好例が数多く見受けられます。

食料自給率をめぐる議論

特別なこだわりがない状態でメディアの議論を聞いているうち、なんとなく多くの人が受け入れている経済常識のひとつが「日本の食料自給率は低い」「このような低い自給率ではいざというとき食料危機になる」というものがあります。こんなに短いフレーズだけでも**【チェックポイント①定義の誤解・失敗はないか】**に基づいた要注意ポイントが2つもあります。

その第一が「食料自給率」の定義についてです。「日本の食料自給率」を示す統計には3種類あります。ひとつが、生産量と消費量の比率をとった、数量ベースの食料自給率です。これは一見もっとも適切な食料自給率の統計であるように感じられますが、異なる品目の集計——つまり米の自給率が90％で牛肉の自給率が20％のときに食料品全体の自給率を計算できないため、個別の品目以外では用いられません。

そのため、日本で生産される食料品の総カロリーと日本で消費される食料品の総カロリーの比率がよく使われます。メディアはもちろん、教育の場で言及されることが多いのはこのカロリーベースの自給率です。一方で、日本以外の国で多くは国内の食料生産額を国内の食料消費額で割った金額ベースの食料自給率が用いられています。

日本のカロリーベースの自給率は40％前後で推移していますが、これはＧ７のなかでは確かに最低の値です。同じ島国であるイギリスにおいてもカロリーベース自給率は60％強、スイスでさえ50％弱であることを考えると確かに低い状態です。一方、日本の金額ベース食料自給率は65％。これはイギリスの60％弱を上回り、ドイツやスイスと同程度の水準になっています。

なぜ日本のカロリーベース自給率はこんなにも低いのでしょう。その理由のひとつが、カロリーの高い穀物・芋類に比べて、カロリーの低い野菜類の方が日本では農家の利ざやが大きいことが上げられます。

さらに、家畜類の自給率はその牛や豚を育てるために用いた飼料の輸入割合から計算するルールであることもカロリーベース自給率を引き下げています。極端に言えば、１００％輸入飼料だけで牛を育てた場合、牛肉の自給率は０になるわけです。

農業に向く土地の総面積が少ない日本で単位面積あたりの収益が低い飼料用穀物を作ることは合理的ではありません。低カロリーの作物中心の農業であることが日本のカロリーベース自給率が目立って低い理由です。国内で主に用いられるカロリーベース自給率の定義を知れば、それが低いことは日本という国の地理的特性からそれほど特殊なモノではないことがわかります。

このように説明すると、野菜や果物ばかりつくっていたら食料危機の時に国民を飢えさせることになるという、いわゆる食料安保論からの反論があるでしょう。ここで重要な**【チェックポイント①　定義の誤解・失敗はないか】**は「このような低い自給率ではいざという時食料危機になる」の「いざという時」の定義です。

食料安保の根拠として言及される「いざという時」には、ふたつの種類があります。第一は、世界人口の増大による食料需給の逼迫です。人口増加に対して食料の生産が追いつかない状態では、確かに食料品の価格は上昇するでしょう。しかしこれは、農業を保護しても避けられることではありません。食料供給の不足によって世界的に農産物価格が上昇したとしましょう。このとき、自由な貿易が行われている限り、日本国内の食料品価格も上昇します。海外で高価格で売買されているものを、日本国内でのみ安価で販売させることはできないからです。さらに食料需給が逼迫したことで穀類・芋類の価格上昇が明らかになったならば、日本国内でも穀物・芋類に生産品がシフトしていくことでしょう。

「いざという時」の第二のパターンは、輸入自体ができなくなってしまう、つまりは農産物の生産国が、日本への輸出を禁止してしまうというケースです。アメリカの農家にとってもオーストラリアの農家にとっても良いお客さんとは「自分の生産物をいちばん高く買ってくれる人」です。第三国を経由しての迂回貿易が可能である以上、日本が食料品をまったく輸入できなくなるという事態はまず生じません。日本が世界の主要国と同時交戦状態に入るというならいざ知らず、杞憂といってよいでしょう。それ以前にこのような状況では、食料品よりも先に石油輸入が途絶することで日本は文字通りどうにもならなくなります。

このように「いざという時」の定義を落ち着いて考えてみると、安易な（カロリーベース）自給率からの食料危機論は**【追加ポイント　政策論的に妥当か】**にしたがって考えてみても妥当なものとは言いがたいようです。

人口減少悲観論は悲観が過ぎる

さらに近年の経済論壇を考えるうえで避けて通れない「ほとんどの人が自明のこととして受け入れている考え」の代表はなんといっても人口減少をめぐる議論でしょう。

「本格的な人口減少社会に突入した現在、経済成長は望めない――マイナス成長と向き合う覚悟が必要だ」といった論説を目にしたひとは多いのではないでしょうか？

しかし、このような人口減少のインパクトは近年少々誇張されすぎているきらいがあります。人口そのもの、または生産年齢（15〜64歳）人口の減少ペースをご存じでしょうか？　人口減少のペースがもっとも急速になる2030年代においても総人口の減少率は年率0・8％、生産年齢人口の減少率は年率1・5％と見積もられています[15]。すでに始まっている女性労働のさらなる拡大や働く60代（または70代？）の増加を勘案すると働き手の減少は最も激しい時期でも1％程度になる見込み――これだけでもデータを見ずに想像していたモノに比べるとずいぶんと小さいと思われるのでしょう。

やや専門的な話になりますが、働き手が1％減少すると経済成長率（GDPの変化率）は0・6〜0・7％低下することが知られています。その意味で、人口減少は経済にとって良いこととまでは言えないでしょう。

しかし、先進国の平均的な経済成長率が2％、人口減少によって1％弱下押しされる傾向があることを考えると、人口減少下の日本経済の成長率は1％程度ということとになる。1%前後という低成長は喜ばしいことではありませんが……マイナス成長は当然だという議論は少々乱暴なようです。

ここまでは公的な統計やそれをまとめたサイトを調べればすぐにわかる話。しかし、多くの日本人が「人口減少＝マイナス成長」という思考に陥ってしまう理由は何でしょう。ひとつの理由として考えられるのが高度成長の経験が日本人にとっての経済成長の「常識」をつくってしまっているという仮説です。

人口が大きく増加した1950年代から60年代に経済もまた急速に成長していたため、人口こそが経済成長を決める決定的な要因だという感覚が共有されているわけです。ちなみに、人口増加率が低下し始めてから高度成長が本格化した中国の方の話を聞くと、日本人ほどには両者が不可分とは感じていないようです。本書は経済成長論に関する書籍ではないのですが、参考までに近年の世界各国の人口増加率と経済成長率をプロットすると、図4-2のようになります。確かに人口増加率が高い方が経済成長率も高い……という傾向はなくはないですが、とても決定的な関係とはいえないようです。

なお、人口が減っているのに国内の所得の総額とほぼ等しいGDPが下がるわけで

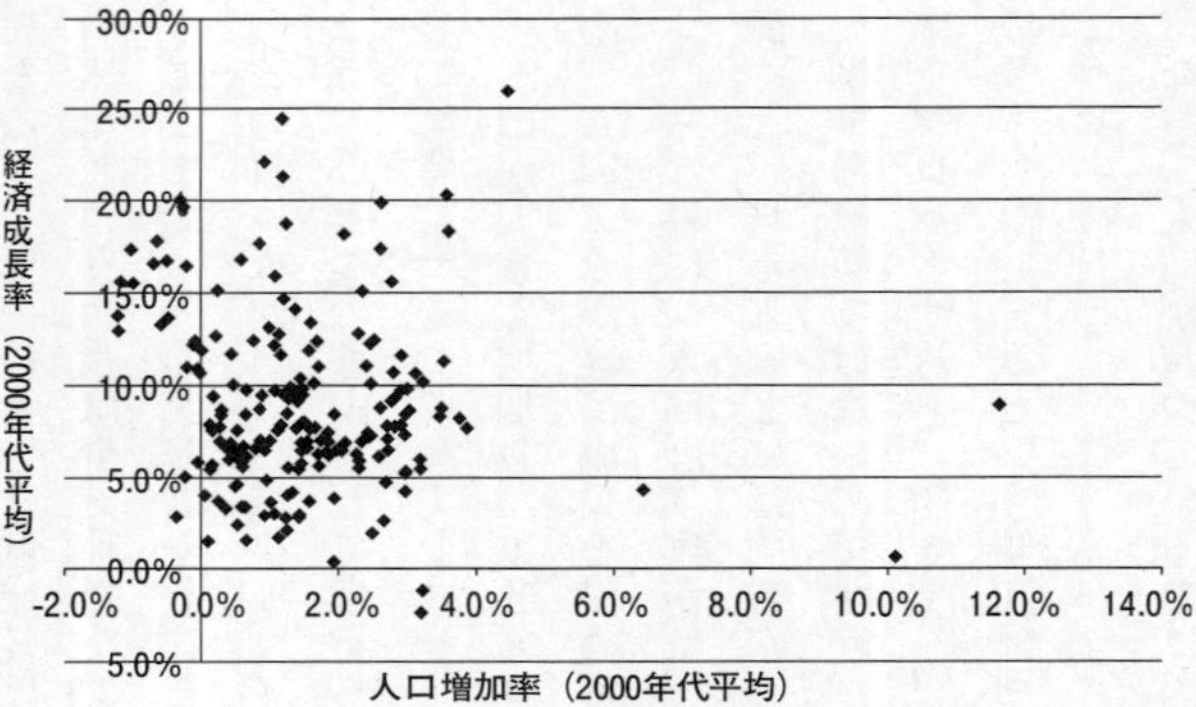

世界銀行データより筆者作成

図４－２　人口成長率と経済成長率

はないということは１人当たりの所得（平均所得）はむしろ上昇するということになります。人口減少は人口減少自体の問題と言うよりも、人口増加を前提に設計されてきた財政や社会保障のシステムの問題という正確が強いというのが標準的な理解となってきています。

「財政ハルマゲドン」は本当か？

財政危機と肥大化する政府

国と地方を合わせた日本の借金は平成29年度末に１０８７兆円を超えた。これを国民１人当たりに直すと９００万円近く、世帯あたりに直すと約２０

00万円となる。30年近くに及ぶ放漫財政によってここまでの多額の借金を負わされているのだ。2000万円の借金と聞いて平然としていられる人などいないだろう。このような財政運営が続くならば、日本の行き着く先は財政破綻しかない。財政破綻、つまりは日本自体の破産である。財政破綻が近づいたことが海外に知られるだけで日本経済は崩壊の危機にさらされる。財政破綻が現実のものとなれば日本の経済活動自体がストップすることさえあり得るだろう。

財政破綻は着実に現実のものとなりつつある。この状況に対し、政府もようやく本格的な対策に乗り出した。しかしその方法は、消費税増税に代表されるような歳入側の改革に集中しがちである。日本国民であれば誰しも重税感を抱いているところだろう。国税と地方税合わせると最高で所得の50％が税として徴収される。現段階においてさえ、私たちが稼いだ金の半分は自分のものとはならないのだ。財政危機を理由に再び政府部門を肥大化させようという試みに対して、我々は明確に〝ノー〟と言わなければならない。日本は社会主義国ではない。財政危機を乗り切り、自由な経済活動を担保するためには、政府部門の縮小を最大の目標にして、歳出の削減を優先しなければならないだろう。

近年の景況改善によって、経済に関するメディアの最大の関心事は、長期不況や不良債権問題から財政危機へと移りつつあります。現在、多くの人が「財政はなんかやばいかも」と思っているのではないでしょうか。このような思いに「沿う」形で流通しているのが「財政ハルマゲドン」とも言える危機論です。例文のような危機を煽る論評を見聞きしたことがない人はいないでしょう。しかし財政をめぐる危機論には第1章で紹介したコールドリーディング型の主張の典型といえるものが少なくありません。したがって、これをそのままの形で信頼することは到底できないのです。

メディアでの財政に関する論評は、主に「日本の借金がすごいことになっている」「財政破綻で日本は崩壊する」「日本の税金は高い」の3種類に分類できるでしょう。例文では、多少詰め込みすぎの感もありますが、そのすべてを含む形で作文しました。

まずは、「日本の借金がすごいことになっている」からいきましょう。これは**【チェックポイント①定義の誤解・失敗はないか】**に照らして明確に誤りです。国債・地方債残高は「日本の借金」ではありません。

ある国の経済は、政府部門・企業部門・家計部門から成ります。財政赤字は政府部門の借金の増加分、財政赤字の累積額は政府部門の借金総額です。お金を借りるためには貸してくれる人がいなければなりません。途上国などの財政危機では、日・米・欧など海外の経済主体が「貸してくれる人」だったため、「財政赤字＝国の借金」のようなイメージができあがってしまいました。

しかし、日本政府の場合にはずいぶんと事情が異なります。「国債」「保有者」「内訳」などで検索してみましょう。参照先としては財務省や日本銀行など公的な機関のものがお薦めです。

現在、国債の40％は日本銀行によって保有されています。つづいて、40％が銀行・生命保険会社による保有です。これら民間の金融機関に預貯金をしている（つまりはお金を貸している）のは家計です。このように考えると、日本の累積財政赤字は「政府部門の借金（債務）であり、民間部門の、とくに家計の資産（債権）」であることがわかります。

これは、いま増税して1兆円の国債を返済（償却）したらどうなるかを考えればより明確になります。日本国債の保有者のうち、海外の経済主体による保有分は6％程度です。するとこの償却は、家計から1兆円を徴収して家計に1兆円を戻すのと同じことです。

では、政府・企業・家計の3部門を連結させた「日本の借金」とは何でしょうか。たとえば鈴木さんが株式会社佐藤商事の社債を100万円購入しても、これは日本の資産、日本の借金ではありません。

この場合、日本国内の経済主体である佐藤商事にとって100万円の負債であると同時に、同じく日本国内の経済主体である鈴木さんの資産であるため、日本国全体の資産・負債を考えるときには相殺されてしまうのです。

日本の借金とは、海外からの借り入れから海外への貸し付けを引いたものになります。これを統計用語では対外純負債と呼びます。日本の対外純負債はマイナス328兆円（2017年度末）、つまりは対外純資産が328兆円ある状態です。つまりは、日本経済は海外に「お金を貸している側」なのです。いまや日本の所得収支黒字（対外資産からの収益）は貿易・サービス収支黒字よりもはるかに大きい額になっています。

この例文とは正反対に、国債が政府機関や国内金融機関に保有されている（内国債である）ことをもって、国債はいくら大きくても問題はないという主張があります。しかし、これも正確な理解ではありません。資金が家計から民間企業に向かっていれば行われたであろう投資活動が、国債に回されたおかげで実行されなくなってしまったという意味での負担が確かに存在します。(16)このように、国債の累増には問題がありますが、それを「日本の借金が1000兆」とうたうことで危機をあおるのは、正当な議論の手法とはいえないでしょう。

また、家計に喩えることで日本の財政危機をわかりやすく伝えようとする論説記事を目にすることも、しばしばです。次の作文を見てください。

平成30年の国家財政を月収30万円の家計に喩えると、その深刻さは明らかだ。月収30万円に対してローンの返済が15万円必要なのに、借金の返済以外に35万円もの支出をしている。この時点ですでに破綻しているにもかかわらず田舎へ8万円支送りまで——このような不足のための毎月17万円も新に借金をしている状態だ。こうして積み上がったローン残高は5000万円！　自己破産以外残された途はないといってよいだろう。

（参考）平成30年度の国家財政

歳入

税収　59兆円

公債収入（借入）　34兆円

歳出

社会保障支出　33兆円

地方交付税　16兆円

その他経常経費　24兆円

国債費（返済）　23兆円

公債残高　　1054兆円

ここまで読み進めたならば、この種の比喩の危うさにすぐに気づかれることでしょう（ちなみにこの例文の元記事には、公債残高分の1万円札積み上げると富士山の1000倍よりも高くなるといった、「だからどうした」と言うしかないダメな議論の典型例も載っています）。これは【チェックポイント⑤　比喩と例話に支えられた主張】に該当するうえ、比喩としても不適切です。生身の人間とは異なり、政府は「寿命がくるまでに借金を返し終えなければならない」わけではありません。

以上のような「財政がやばい！」という印象論に便乗する形で登場するのがハルマゲドン論です。財政破綻ハルマゲドン論の特徴は「思い切った財政改革をしないと何かとんでもないことが起こる」と強調する点にあります。これはコールドリーダーが行う〝予言〟として、きわめて「うまい」話の進め方です。

財政赤字の累積に問題があることは確かですから、政府によって何らかの対策がとられることは間違いありません。そして、財政改革が「思い切ったもの」か否かを定量的に把握することは困難です。したがって、国債の利払い自体ができなくなってしまうなどの財政破綻が起こらなければ「十分な改革によって危機を脱した」、もし起きれば「改革が不十分だった」と言うことができます。どう転んでも予言の正しさを主張できてしまうのです。これはまさに**【チェックポイント② 無内容または反証不可能な言説】**に基づく、必ず当たる予言です。

財政破綻によって生じる「とんでもないこと」が具体性を欠いたものであればあるほど、この予言の正解率（？）はさらに上昇するでしょう。実際、アカデミックな論争を除くと、財政破綻をめぐる議論で、財政破綻の定義が明確になっている例は稀です。

現在、日本の国債は低利で消化されています。もしも「みんなは分かっていないが、日本国債は将来デフォルト（債務不履行）する」という事実を自分だけが知っているならば、やるべきことはハルマゲドン論についての本を書くことではありません。国債を空売りして大もうけすればよいだけの話です。日本国債の格付け低下が大きな議論となったことがありますが、もし日本国債のリスクが高くなったと市場が認識したならば、国債価格はとうに低下しているはずです。したがって、この話はメディアにとっては格好のネタにはなっても、市場でそれを真に受けた（格付け機関の発表どおり日本国債は危ないと思った）人はほとんどいなかったと考えられます。

このような危機論がある一方で、マスコミなどでの財政問題に関する議論にしばしば登場するのが重税感の話です。また、日本の財政規模は非常に大きく、あたかも社会主義国のようだという印象論が語られることも少なくありません。この2つの論点は**【チェックポイント④　単純なデータ観察で否定されないか】**に照らして明確に誤りです。「国民負担率／所得税率」「国際比較」などのキーワードで検索しただけで、このような誤解は数分で氷解するでしょう。これについては本書で取りあげることはしません。Ｗｅｂ上の資料を調べる練習として自分自身で調べてみてください。

実を言いますと、例文で結論として提言される財政改革やそれを歳出側で行う（具体的には年金・医療保険改革を中心に行う）点は、私自身の見解と同じです。しかし、誤った根拠づけによって同じ答えにたどり着いても、それは偶然に過ぎません。さらに、論理とデータによる論証をあきらめて、印象操作によって自身の見解への支持を取りつけようとするのは良心的ではないと、私は考えています。

怪しい「大停滞」論争

バブル崩壊以降の１９９１年から近年に至るまで、日本経済は過去に例を見ない長期の経済停滞を経験しました。この長期不況は「失われた10年」、またはその期間が10年を超えた頃からは「平成大不況」「平成大停滞」と呼ばれるようになりました。現代日本の経済・社会におけるさまざまな問題――たとえば本章で取りあげた教育・若者問題や財政危機――のなかには、大停滞によって生まれたもの、これをきっかけにして注目されるようになったものが少なくありません。その意味でも大停滞問題を考えることは、現代日本のあらゆる社会問題を考える出発点ともなり得ると言えるでしょう。

さらに、大停滞論争はその初期から雑誌・書籍といった従来型のメディアに限定されず、インターネット上の掲示板・ブログなどで展開された点も特徴的です。そのため、ネットが一般化した現代の、そしてこれからの議論を考えるうえで、2000年代の大停滞論争は振り返るに値するでしょう。

日本の長期停滞に関する仮説は、

①大停滞の説明理論として理論的にも実証的にもある程度の妥当性を持つもの
②理論・実証面で難点は残るが、大停滞の原因として否定はできないもの
③理論的整合性がない、または実証上の難点から、大停滞の原因とは言えないもの
④大停滞問題に言及してはいるが無意味・無内容なもの

の4つに整理することができます。多くの人が①に当たる説明、もしくは、それ以上に妥当性のある説明を知ろうとして経済書を読みますが、そこにたどり着くのは容易

ではありません。ある仮説が①・②のいずれであるかは専門家の間でも見解がわかれることが多く、混乱の元になりがちです。

さらに、私たちがメディアから得る情報のなかには③、ときとして④に当たると判断せざるを得ないものが数多く含まれています。したがって、①②のいずれかの議論にのみ集中するためには、③④に当たる「ダメな議論」を適切に排除していく能力が必要となるのです。まずはビジネスマン、なかでも成功した経営者や一流企業の幹部などに受け入れられやすい議論の例から始めてみましょう。

日本経済を鍛えなおす

わが国の経済環境は1940年代の戦時経済計画から戦後の傾斜生産方式まで、政策指導とソフトな計画化という特徴を持っている。これを一言にまとめたのが「官尊民卑」という言葉である。こうした特徴から日本は、世界で唯一成功した社会主義国とさえ言われる。このような計画経済的な経済運営は、国家全体の目標—欧米型、とくに英米型の経済システムを模倣し、それにキャッチアップする—が明確な時期には、大きな力を発揮した。しかしその役割は、日本経済が世界のトップグループに入った今、急速に縮小している。

90年代に入り、大きな政府による莫大な公共投資や公営企業の存在、行政指導は、日本の民間企業の活力を大きく奪う結果となった。その結果がこの不況である。さらにその不況を、中途半端な形で救済しようと行われた財政出動や金融緩和は、時代遅れの企業を延命させ、高度成長期以来の産業構造も温存させることとなった。これが、不況の長期化・恒常化を招いたと考えられる。シュンペーターによる創造的破壊論（Creative Destruction）が示すように、不況は次なる好況のインキュベーター（孵卵器）である。不況により非効率的な企業・産業が淘汰され、新たなシステムへと転換が進むことによって経済は成長する。90年代の日本では「不況対策」によって、創造的破壊のシステムが機能しなかったのである。

伸びる前には縮まねばならない。現在の不況は、むしろ、一種のチャンスとして捉えることができるであろう。不況によって低い生産性のまま維持されてきた旧型の産業は次々と淘汰されている。いまこそ新規開業のチャンスなのだ。


政府や公的機関の市場への介入を嫌悪し、不況からの回復は民間の手によって行われるべきだという主張は、ビジネスエリートやその予備軍にとって非常に受け入れやすい考え方です。政府の力など借りず、「自分の力で成功した」あるいは「自分の力で成功できる」と誰しも考えたいものです。ビジネスエリートであると自認する人の多くは、それぞれの本業でそのような自力での成功を収めていることでしょう。

さらに、標準的な経済理論では政府の介入はたいていの場合（あくまでたいていの場合です）、経済厚生を低下させることになるので、経済学を学んだ者にとっても「しっくり来る」考え方になっています。例文のような議論やその発展形である構造改革論は、こうしたビジネスエリートたちの信頼をベースにして普及しやすいのです。

例文では、「日本ではかつて公的介入が成功していた」が、時代の変化によって「公的な保護や規制が長期停滞の原因となった」と述べられています。一見もっともらしく感じられますが、このアイデアはそれほど自明なものではありません。この例文は、比較的定義がはっきりした概念で作られていますから、**【チェックポイント④　単純なデータ観察で否定されないか】【チェックポイント⑤　比喩と例話に支えられた主張】**を使って検証してみましょう。

「日本では、かつて公的な介入が成功していた」という見解には、第2章で示したように数多くの反証が出されています。戦後政府が強く保護してきた鉱業と農林水産業、後には繊維産業の成長がはかばかしくないことを思い浮かべることができたならば、その問題点は理解できるでしょう。

ちなみに、専門的な研究においても産業の成長率と公的な支援の強さを比べるとむしろ公的支援が強い産業の成長率は低いことが示されています。表4-1では主要産業に関して、融資・補助金・税制面での優遇の強さを順位づけしたものを掲載しました。表からは、繊維・鉱業に対する政府介入・補助の強さが目立ちます。その一方で、機械3業種に代表される成長率の高い産業は、それほど強力な保護は受けていません。

ここから、日本の産業育成は以前から成功していたとは言い難く、むしろ政府の支援は衰退産業の保護を目的としていたと考えることができます。

こうして、「日本は成功した社会主義国」という見解は、産業政策の面からも根拠の薄い主張であることが分かります。したがって、「かつては有効であった公的介入」が、一転して「経済の足枷となった」と言うことはできないのです。もともとたいしたことはしていなかったのですから。

そして、政府の介入や公企業の存在が90年代長期停滞の原因になったという考え方

	平均成長率	政府融資	補助金	関税保護	税制優遇
繊維	2.7%	11	3	2	2
鉱業	3.8%	1	1	13	1
食料品	6.3%	9	12	1	12
金属	7.2%	4	2	3	6
化学	7.6%	3	7	5	3
製紙パルプ	7.7%	6	5	10	13
窯業	8.7%	5	8	9	3
精密機械	9.3%	13	10	6	8
石油精製	9.8%	2	13	7	3
金属加工	10.1%	10	6	12	7
輸送機械	10.8%	7	11	4	8
一般機械	11.4%	12	4	11	8
電気機械	12.2%	8	9	8	8

（出典）：Richard Beason and David Weinstein, "The MITI Myth," American Enterprise 6(4), 1995, pp84-87より作成

表4－1　各産業の優遇度順位

も、きわめて怪しいと考えられます。80年代には金融・情報通信・鉄道といった分野で、大幅な規制緩和・民営化が行われました。政府のプレゼンスという点では、90年代はそれ以前よりもだいぶ「良い環境」にあったとすら考えることができるでしょう。

創造的破壊論は現実的か？

産業政策が不況の原因だという主張の「類推」から生まれるのが、財政・金融政策も不況を悪化させるという説です。不況によって経済が鍛えられて、新たな成長に至るというプロセスは、往年の少年マンガを思わせる心地よいストーリー

です。

さらに、不況によって次の成長が訪れるという考え方はシュンペーターによって「創造的破壊」と命名された歴史ある学説で、90年代以降にはさらなる理論的な整理が進んでいます。

しかし、それが現実経済、とくに現代の日本経済にとってどの程度適用可能かどうかは一考の余地があるでしょう。ここでは**【チェックポイント③ 難解な理論の不安定な結論】**にしたがって考えてみましょう。

シュンペーター的な創造的破壊の理論に従うと、不況によって非効率な企業がつぶれ、労働や資本などの資源が新たな産業へと向かう結果、次の好況が生まれることになります。この考え方には「不況が起きると非効率的な企業から倒産する」という前提が必要です。

しかし、現時点での生産性が低くても歴史のある企業は借入が少なく、金融面でも銀行からの融資といったサポートを受けやすいということを忘れてはいけません。一方、新しい事業に参入したばかりのベンチャー企業ほど、こうした財務基盤が貧弱なため、不況の初期に淘汰されてしまいがちです。

その結果、不況は新産業の勃興を阻害することになると考えられます。創造的破壊の議論は、いつでも成立するようなものではないのです。実証的にも米国・日本のデータによって、創造的破壊の議論への反論が行われています。

これと同様のことは、もうひとつの生産資源である人材についても言えます。不況の結果として新産業への転職がブームになったでしょうか。また、新卒労働市場でベンチャー企業が人気企業ランキングの上位に名を連ねたことはあったでしょうか。むしろ安定的な職への就職希望者が増えたと言えます。2000年前後の公務員試験人気はこの状況を象徴していると言っていいでしょう。若者が安定志向の就職を選択するのは、「近頃の若者にはチャレンジ精神がない！」などといった理由からではありません。不況下で自分の将来を考えるならば、いつつぶれるか分からない新興企業ではなく、安定した就職先で働きたいと考えることは合理的な選択の結果なのです。

素朴な創造的破壊の議論は理論的には面白くても、潜在的な生産力が高い先進国における景気循環を説明したり、それに基づいて政策立案をするほどの頑健な（ロバストな）考え方ではありません。

したがって、これのみを政策立案に適用して、財政・金融政策のサポートを行わないというのは、あまりにも無謀です。実際、財政・金融政策による不況対策が行われていなかった（というよりもそのような発想自体が希薄だった）第二次世界大戦以前と以後で、どちらが平均成長率が高かったかを想起するだけでも、創造的破壊論は不安定な議論であることに思い至るでしょう。

政府の規制や介入が経済成長を長期的に引き下げるという点については理論的な説明もあり、実証研究も豊富です。その意味で規制緩和や規制改革は、日本経済にとってプラスの材料と言うことができます。しかし、それが90年代大停滞の原因だと考えるのは少々難しいようです。なんといっても90年代には、それ以前に比べ格段に規制緩和が進んでいたのですから。

また、「新生のためには不況はむしろ必要であり、不況はチャンスなのだ」という考え方は、個人の心構えとしては「そう思っていた方がプラス思考でよい」と言うことはできるかもしれません。しかし、それが起業の勧めとして語られたり、不況対策はいらないという主張になったとき、それは有害な言説へと転化する可能性があります。

良識派の心をくすぐるダメ議論

ビジネスエリートが好む構造改革論に対し、いわゆる知識人——経済以外の評論家や文化人、身近なところでは教員などは「経済成長そのもの」を批判するという形で行われる傾向があります。

不況によって得たものは

日本の経済的地位の低下に対して実業界ではその再生の手法をめぐり、さまざまな議論が行われている。しかし、日本の経済的地位は本当に低下したのだろうか？　確かに戦後の日本はアメリカの核の傘の下で、経済的な発展のみを追求してきた。それは企業に高度成長は、私たちの物質的な生活水準を向上させたが、それを支えたのは企業に対する絶対的な忠誠を強制するシステムと、その結果としての長時間労働である。さらに70年以降の長期的なインフレ傾向は、見かけ上の経済を膨張させることで、経済規模を拡大してきた。その結果、日本は世界で一番物価が高い国になってしまった。さまざまな犠牲を払いながら、先進国の一翼を担いたいという見栄のために

無理に無理を重ね、日本は世界第2位の経済大国となるに至り、いまやその地位を退くに至った。

能力を超えた頑張り、または見栄が絶頂に達し、崩壊したのがバブル景気である。するとバブル後の「長期不況」「大停滞」は、無理を続けた日本経済が自然な状態に回帰するプロセスだと理解できるだろう。長引く不況は、経済成長にしがみつくことの無意味さを私たちに教えてくれている。そして、デフレは高すぎた日本の物価を、世界の標準的な水準に引き戻したという点でむしろ望ましいと言えるだろう。しかるに構造改革による景気回復は、高度成長以来の「無理」を復活させようという試みに過ぎない。金融政策による景気刺激は、再びインフレによって見かけの経済状態のみを回復させようとする政策である。無理と虚構によって作り出された繁栄は、いつの日か再び崩壊の日を迎えるであろう。今、日本はかつて来た道に戻るのか、自然体に戻るのかという大きな岐路にさしかかっている。

この例文は、稲葉振一郎氏などが言及する「人文系ヘタレ中流インテリ」のなかでも良識的な人々、もっと単純化して言うなら、ごく平均的な高学歴の人に共感されるよう作文したものです。全編が「反省」「無理をするな」「自然体に還れ」という情緒的な文言で構成されており、これらはいずれも良識派の心をくすぐりますが、中身はほとんどありません。

「何が自然で何が自然でないか？」という問いに答えはありません。しかし、「私たちは何を自然と感じるか」については、ある程度の回答を与えることができそうです。しかもこの問題は、「なんとなく自然な感じがするから、きっといいのだろう」という漠然とした納得感はどこから生まれるのかを考えるうえで、とても重要です。

私たちは、普段から見慣れていて、たやすく理解できるものを「自然だ」と感じる傾向があります。一方、「自然だ」とは感じられない場合には、不安と期待のいずれかの感情を抱くことになるでしょう。不安を抱いた場合には「不自然だ」と感じ、期待感を持った場合には「特別だ」と感じるというと、分かりやすいかもしれません。

たとえば小泉首相の党運営や政策方針は、これまでの自民党総裁のそれとは一線を画するものでした。もともと小泉首相や自民党に批判的な心性を持つ人は、従来とは異なる小泉首相の方針に対して、「不自然で良くない」という感情を抱きがちです。こうした感情をベースにしてマスメディアに接したならば、小泉首相に批判的な言説ばかりが目につくようになり、その結果「小泉批判」の信念は強固なものになっていきます。一種のセレクティブメモリです。

逆に、小泉内閣誕生を好感を持って迎えた人は、報道などを通じてますます小泉内閣を支持するようになります。

本書のテーマは、このような心理的な反応から抜け出して、客観的な立場から言説を判断する方法を示すことでした。ダメな議論のなかには、多少の知識があればその誤りに簡単に気づくことができ、感情的な賛同に対し「水を差す」ことができるようなものも少なくありません。

こうした点から、「私たちの生活に深く関係している経済学の知識を普及させていかなければならない」という主張が出てきます。これは至極もっともであり、私も大いに賛成です。しかし、経済学の基本体系は膨大であり、啓蒙書を1冊や2冊読んだだけで身につくようなものではありません。だからこそ、それほどの経済知識（あるいは統計や社会学の知識）がなくとも、ダメな議論の怪しさに気づける方法が必要なのです。

そして比較的使い勝手がよいのではと私が考えたのが、第2章以降で繰り返し用いた、チェックリストによる機械的な判定法なのです。

そのなかでも、**【チェックポイント①定義の誤解・失敗はないか】**、**【チェックポイント②無内容または反証不可能な言説】**の2つは、最も利用頻度が高いものではないでしょうか。世のなかに流布する言説には、「定義がない」「反証不可能」なものが多いのです。前置きが長くなってしまいましたが、以上のような本書の基本方針を確認したうえで、例文のダメさ加減について考えていきましょう。

導入部では「日本の経済的地位」について語られていますが、「経済的地位」とは何でしょうか。経済的地位といった具体性のない単語を検証することは不可能です。このように定義が不明確な言葉から出発して、意味のある結論が導かれることはありません。

何が低下したのかわからない以上、この例文の「日本の経済的地位の低下は……」という文言は、「日本経済は最近、調子がよくないですね」ということをわかりにくく、それゆえ**突っ込まれにくく書いているにすぎない**のです。このように考えると、「日本の経済的地位は本当に低下したのか？」という問いは、あまり意味のないものなのではないかと考えられます。

日本の企業システムへの言及についても——そんなような気もするし、そうでもないような気もする内容になっています。こうした「どちらも正しい気がする」ケースにおいてその判断を左右するのは、ラポール形成を中心とした説得術です。

この例文と次の例文では、ともに「いままで無理をしてきた……本来の姿に戻ろう」といった「定義が曖昧」で「無意味・無内容」な論法が使われています。

長期停滞期から近年に至るまで、経済論やそれにとどまらない社会評論では2つの極端な思考が幅をきかせていました。ひとつは「競争は善」「勝ち組負け組」というマッチョな思考法であり、もうひとつが「無理をすることはない」「自分らしく生きる」というものです。いずれも抽象的な概念のため、気の持ちようでしかありません。

このような単純なスローガンが論理的な思考の代わりになることはありません。先の例文のケースでは、「自然な状態」についての定義がないため、何が「無理」で何が「無理ではない」のかがはっきりしません。その結果、なんとなく「不況もしようがないじゃないか」「これはこれで悪くないよ」という気休めが（分かりにくく）語られているだけの内容になっています。

この例文には、難解な理論、比喩や寓話が出てくるわけではないので、次に【チェックポイント④ 単純なデータ観察で否定されないか】にしたがって考えてみましょう。

仮に日本の物価が世界一高いとしても、そこから「デフレがよいことだ」という結論は導けません。ここでは「長期的なインフレ傾向で見かけ上の経済のみが膨張した」という考え方の問題点を考えましょう。第一に、これは完全な誤解です。１９７０年から２０１７年にかけて、物価変動の影響を除いた日本の実質ＧＤＰ、いわば所得の総額は倍以上になっています。国内で生産される財・サービス量、そして所得が２倍になっているのですから、成長は見せかけのものではありません。

「無理をするな」「自然体に還れ」といった、ある種の人たちにとって耳触りの良いスローガンを、「日本の物価は高い」「インフレによる成長は見かけだけで実体はない」などの、言われて見ればそんな気もする証拠（？）で正当化している議論は枚挙にいとまがありません。

以上の例文では単なる気休めが語られているだけですから、実害はないでしょう。しかし、ここから何らかの政策的主張がでっち上げられるようになると、これは掛け値なしに有害な言説となります。

本来の姿へ戻ることから、すべてが始まる

バブル崩壊以来、10年以上にも及ぶ大停滞がようやく終わりを告げようとしている。ここから私たちが学ぶことができるのは何であろうか？　それは人為的な政策運営の無効性である。この10年もの間、大停滞からの脱却を目指してあらゆる方法が提案されてきた……財政支出・減税・金融政策・構造改革。これらの対策がいっこうに効果を上げなかったことを記憶せねばならない。

財政政策の結果として残されたのは財政赤字の累積であり、その先にあるのは財政破綻のみである。長期にわたる金融緩和（その究極の姿がゼロ金利政策である）も、私たちの生活に大きな影を落とした。金利の低下は私たちの預貯金の価値を大きく減少させ、消費を停滞させることで、不況をさらに長期化させ深刻化させた。そもそも、預金に対して金利が付かないという状況では、もはや資本主義とは言えないだろう。

そして構造改革は、これまで日本経済を支えてきた長期的な信頼関係を完全に崩壊させてしまった。長期的な信頼関係がない状態では企業は活発な事業展開ができず、個人は将来不安に怯え続けることになる。90年代に行われた経済政策は、いずれも日本経済にいたずらにダメージを与えるのみであった。

不況からの継続的な回復のためには、財政・金融・構造改革という90年代に行われた経済政策を正常化しなければならない。

財政に関して必要とされるのは、歳入・歳出水準のGDPへのリンクを強めることである。財政支出を前年のGDP比の一定の割合にするようルール化するなど、経済活動の身の丈に合った財政運営を行い、国債を償還していく必要がある。現在の金融政策は、財政以上に本来あるべき姿から乖離している。経済活動の水準に合わせた資金の供給という、自然な政策姿勢に立ち戻るべきであろう。

右の例文は、90年代の経済政策のほとんどを「不自然でダメなものだ」と非難したうえで、とんでもない政策提言を行うという、ダメというよりも有害な議論になっています。ここまで本書を読み進めてくださった方にとっては、どこが明確に悪いかは分からなくても、この議論の持つ怪しさには十分気づかれたのではないでしょうか？　といっても、**【チェックポイント①　定義の誤解・失敗はないか】**という観点から見ての問題はとくにありません。

ここで問題になるのは、この例文が批判する「政策の効果」についてです。これは政策を実証的に評価する際に常につきまとう問題です。たとえば、「警察官の数を増やしても犯罪は減らない。現に警察官の増員の効果はなかった」という主張があったとしましょう。しかし、犯罪数は少しずつ増加していて、警察官の増員がなかったならば、犯罪発生件数はもっと増えていたかもしれないという点には注意が必要です。**【チェックポイント④　単純なデータ観察で否定されないか】**では、生データの有用性を強調しました。しかしその用い方が悪ければ、かえって大きな誤解を招く元にもなりかねません。

警察官増員の効果を検証するためには、増員後に犯罪発生の増加スピードが低下したかどうかなどの追加的なチェックが必要です。犯罪発生件数が増加しているという点では同じであっても、ここ数年5％で増加してきた犯罪発生件数が2％に下がっているならば警察官増員は有効だったことになりますし、増員後もやはり5％ならば無効だったということになります。また、都道府県ごとの警察官増員率のデータを収集し、「増員すれば犯罪が抑制される」という統計的な関係が確認できるかを計量的に調べる必要もあるでしょう。

このような比較的平易なデータ処理だけでなく、より多くのデータを収集して厳密な分析を行うという姿勢が、研究者には欠かせません。といっても、すべての話題についてフォーマルな手順を踏んで判断するというのは誰にとっても困難です。そうした場合、「ちょっとおかしいぞ?」「もしかしたら△△ではないか?」といった「あたりをつける」方法があります。そのひとつが、逆方向にも注目してみるという方法です。

平成大停滞期における財政・金融政策は、それ以前に比べて大幅な緩和状態にあったことは言うまでもありません。それらの政策が、即、停滞からの脱出をもたらしたわけでないことも確かです。

しかしこれに対しても、「大停滞があまりにも深刻だったから、あの程度の財政・金融緩和では効果がなかったのではないか」という疑問が生じます。ここにおいて検証するべきは「財政・金融政策は大停滞の影響を軽減できたのか?」ということです。

その確認のための平易で有効な方法が、財政引き締め、金融引き締め時に景気はどうなったかという素朴な観察です。

90年代の財政引き締めのなかで注目されるのは、橋本内閣下で行われた97年度、98年度予算の大幅引き締めです。その結果98年には、実質経済成長率がマイナスにまでなりました。97年後半にアジア通貨危機があったため、運が悪かったと見る向きもあるようです。２０１４年の消費増税がその後の大幅な消費停滞をもたらした、そしてその影響は未だ続いていることも記憶にとめておく必要があります（消費税率は３％引き上げられたままなのですから当然と言えば当然です）。

金融政策についても、２０００年のゼロ金利解除の後の日本経済は98年を上回る大停滞に陥りました。また、２００６年の量的緩和・ゼロ金利解除後の日本経済がいかに厳しい状態になったか――こちらはまだ記憶に残っている人もあるかもしれません。

財政政策・金融政策に効果がなかったという例文の主張は、ずいぶん行き過ぎた主張であることがわかります。専門的な研究においても、90年代の財政・金融政策にはある程度効果があった、少なくとも景気のいっそうの悪化を防いでいたという見解が支配的です。

政策に関する問題を考える際にはつい事前の気分・印象に引きずられた評価を下してしまいがちです。その理由のひとつが、政策の効果ラグ（遅れ）の問題です。財政政策にしても金融政策にしても、なんらかのプロジェクトを実施してから効果が現れるまでには時間がかかります。

しかし、自分が直接かかわっている会社の販売促進プロジェクトなどならともかく、政府による諸政策が効果を上げているかどうかを四六時中考えている人など、まずいません。すると、ある政策が行われてから1年後にその効果が現れても、それが1年前の政策の効果とは気づかれず、むしろ、鳴り物入りの政策だったのにたいした効果はなかったという印象を持って語られることになりがちです。酒気帯び運転の罰金額を引き上げたら酒気帯び運転が減ったという政策効果なら、誰しも納得するでしょう。しかし、経済政策の効果が現れるのにはもう少し時間がかかります。それだけに、印象操作に容易にからめ取られる可能性があるのです。

小泉内閣の構造改革路線についても、効果ラグの問題は看過できません。しかし、先の例文でそれ以上に問題なのは、「構造改革」という言葉の使い方です。これは、**【チェックポイント①　定義の誤解・失敗はないか】**、**【チェックポイント②　無内容または**

反証不可能な言説】に照らして大きな問題があるのです。「構造」に定義はありません。「信頼関係」や「不安」は計測できないため、反証不可能な主張です。小泉構造改革を批判する際にしばしば用いられるのが、こうした観念的な言葉です。

しかし、小泉内閣が実施した主要政策は、郵政改革・特殊法人改革・財政引き締めです。これが長期信頼関係（それが何なのかは分かりませんが）を崩壊させるというのはなかなか難しいのではないでしょうか。

行き過ぎた主張を落ちついて観察すると、そこでは比喩・例話や身近な話題に言及することによる印象操作が数多く行われていることに気づきます。**【チェックポイント⑤ 比喩と例話に支えられた主張】**の観点から、金融政策——なかでも低金利批判について考えてみましょう。「預金しても金利がつかないなんて許せない」という批判を耳にされたことがあるのではないでしょうか。

少し落ち着いて考えてみると、これはずいぶん一方的な議論であることに気づきます。ゼロ金利政策は住宅ローンをはじめとする借り入れを有利にし、多くの「庶民」の雇用主である企業を助け、結果として株価を下支えしてきました。すると、低金利によって苦しんだのは、「労働所得や自営業収入よりも資産所得が多く、しかもその資産を（事業や株式投資ではなく）預金で運用している」人に限られることに気づきます。しかも90年代はデフレーション（財・サービスの値下がり）によって、「同じX万円の〝つかいで〟が増大する」という利益（正の実質利子率）を得ています。「金利が低いことで、自分はどのような損をしただろうか？」と自問自答してみると、このような批判の問題点に気づくことができると思います。また、「ゼロ金利は資本主義ではない」という類の発言は現在でも散見されますが、資本主義の定義と金利の水準は無関係ですから、こうした発言は定義面で完全に誤りです。

こうして、この例文の前半部分の論証は、かなり怪しいということが分かります。前半の怪しさに気づいていれば、後半部分の提言にうっかり納得してしまう危険性は大きく低下します。経済学の知識がある人は、第4段落を読んだ時点で例文の提言がいかに的外れであるかに気づかれたかと思います。この提言の何がおかしいのでしょう？

財政支出をGDPの一定割合にする政策とは、一体どういうものなのでしょうか。この政策ではGDPが大きく増加すると、つまりは好況になると、財政支出を増やすことになります。逆に、不況によってGDPの成長率が低下した場合には、財政引き締めが行われます。このような財政運営は、好況時に景気をさらに過熱させ、不況時に景気を悪化させる政策ということになります。

金融政策についても同様です。「経済活動の水準に合わせた資金の供給」とは、資金需要の大きい好況期にはマネーをより多く供給（金融緩和）し、資金需要が少ない不況期には金融を引き締めるということですから、景気過熱の促進と不況の深刻化をもたらします。あたりさわりのない政策提言をしているように見えてこの例文は、マクロ経済政策としてはもっともマズい政策を提言しているのです。

本章では数多くの例文を紹介してきました。ニート問題や財政破綻、不安定化政策などを取りあげた例文では、重大な帰結をもたらす提言が、さもたいした主張でないかのように書かれていました。**サラリと重大な主張をするのはダメ議論の特徴といってよいでしょう。**

先の例文でも、「身の丈に合った」「活動水準に合わせた」など、プラスイメージがあるため否定しにくい文言を混入させるという一種のストックスピールにより、経済学に不案内な読者は自然と納得してしまいそうな体裁になっています。「なんとなく」とんでもない結論を受け入れてしまう前に、つまりは「納得」に到達する前に、機械的に疑いを差し挟むことが大切です。

第5章　ネット時代のダメな議論

前章までは、新聞・雑誌、TVといったオールドメディアにおける「ダメな議論」に取り込まれない方法を中心に説明してきました。その一方で、本書初版が出版されたときとは比較にならない影響力をもつようになったのがネットメディアです。

パソコン利用の一般化、そしてスマホの普及によってネット検索へのアクセスが容易になったことで、第2章で示した**【チェックポイント①　単純なデータ観察で否定されないか】**を実行することが圧倒的に楽になりました。これは大変すばらしいことです。さらにはSNSを通じて、単純なデータで否定できる議論に対して周囲からの誤りの指摘が行われるため、ごく単純な誤解に基づく議論が放置される危険性も減じているといって良いでしょう。

その一方で、データ入手の容易さからの特徴やデータの利用方法を全く知らなくてもデータを用いた「ような」議論が可能になってしまうことの弊害も生じています。【単純なデータ観察】によるチェックを行おうとスマホで検索しても、全く意味のないデータや誤情報を参照してしまうということが生じうるのです。

また、ネット――なかでもSNSやまとめサイトといった新たなコミュニケーション・ツールは数字で示されるデータに留まらない情報収集に新たな壁、分断をもたらしています。

情報処理能力というと大げさですが、１日に見ることの出来る記事数、フォローできるツイートの数には限りがあります。そのため、自身が能動的に目にする情報のみから「自分に近い意見の人の間だけで通用する常識」が生まれ、その人たちのなかだけで流通するようになっているのです。本書は常識を「みんなが正しいと思っていること」と定義してきましたが、その「みんな」が「自分に近い意見のネット上の人たち」に限定されると、「正しくはないが常識」という情報は増加します。このような「その場の常識」はときに社会に深刻な問題を引き起こします。

ダメなデータ利用法

近年ビジネスから政策論壇まで、「エビデンスある？」との問いかけが一般化しています。そのため、かつてとは異なり数字・データなしで議論を進めることは少なくなってきました。しかし、数字・データならばなんでも意味があるというわけではありません。個人にとって大きな誤解のもととなる誰もが注意をしなければならないデータ利用の注意点を示しておきましょう。

第2章では【チェックポイント 比喩と例話に支えられた主張】をあげました。これらの比喩・例話はときに数字を付け加えてあたかも意味のあるデータであるかのように偽装していることがあります。

たとえば、

A社では取締役に占める女性の割合を倍にしたところ、既存設備の効率的運用が進みROA(総資産収益率)が50%近く上昇した。

といった、数字が出てくる、それっぽい議論に出くわすことは多いのではないでしょうか。この情報は、数字は出てくるもののデータとしての価値はほとんどありません。第一に、これはまさにA社の個別事例であり、単なるひとつのエピソードに過ぎないのです。

この女性活躍で業績を向上させたとおぼしきA社のデータをいくら積み重ねても、「女性活躍が業績向上のキーである」ことを証明する証拠にはなりません。あくまで例話は理解の助けやメインの論証の補助的な材料に過ぎないのです。

ちなみに、女性取締役を倍にしたと言っても十数名の取締役のうち、いままで女性が１人しかいなかったものを２名にしただけの「倍増」であったり、これまで株価収益率が２％だったものが３％になった「５割増」かもしれません（ＲＯＡは近年の大企業平均では７％台、中堅・中小企業でも４％ほどです）。数字が出ていないと信頼できないというのはひとつの見識かもしれませんが、数字が出ているならば信頼できるわけではないことに注意が必要です。

多数の企業、多数の実例を用いて作成されたデータであっても議論の証拠になるとはかぎりません。健康食品や健康法、ダイエットグッズの効果を示す宣伝で、「このサプリを購入された方の85％以上が２kg以上の減量に成功しています」といった文句を見たことはありませんか？　素直に受け止めると、なかなか効果のありそうなサプリだと考えてしまいそうです。

しかし、このような効果の喧伝は典型的な数字のトリックです。２kg以上痩せたのは本当にサプリの影響なのでしょうか？　ダイエットをしなければならないと普段から思っている人が、それなりにお金をかけてサプリを飲んだ……そのお金を無駄にしないためにも食べ過ぎないようにした、普段より運動をした、または単に効果を知りたくて毎日体重計に乗った（これは意外と効くそうです）だけかもしれません。このような特別な行動をしなくても、「すごく効くサプリを飲んでいる」という気分だけでも痩せる効果があったりします。これはプラセボ（偽薬）効果と呼ばれます。

医薬品の治療効果を知るためには、このような行動の変化やプラセボ効果の影響を防ぐために、表5‐1のような四分割表を作成できるように実験を計画します。

	改善	改善せず
Aを服薬	85人	15人
偽薬を服薬	80人	20人

表5‐1　効果測定の四分割表

その効果を知りたい薬Aを服薬するグループと、薬Aを渡すと伝えつつ実際はただの粉を飲ませるグループそれぞれの回復状況などを見て、改善率の差があるかどうかを調べるわけです。表の例では……どうも薬Aはたいした効果はなさそうですよね。誤差の範囲といって良いかもしれません。

ビジネスモデルや様々な政策の効果を知るためには、表のなかの「Aを服薬した」にあたるデータと「偽薬を服薬した」にあたるデータが必要です。先ほどの例を用いると、女性取締役の割合を高めた企業のなかで業績が改善した企業としなかった企業の数、一方で女性取締役の割合が変わらなかったり、一定だった企業についても同様のデータが求められます。**データを議論における主役級の証拠として使うためには最低でも4種類のデータが必要となるわけです。**

ちなみに、より確かな証拠として用いるためには、「業績が上がってきているから、社会的な要請に応えて女性取締役を増やした」という逆の因果関係にも考慮した分析が必要になります。

本書はデータ活用の本ではないため、ここで統計技法の詳細に立ち入るのはやめておきましょう。これからのビジネスでは、そして政策論争においてはデータ分析が必須の技能になっていきます。しかし、その技術そのものを学ぶことは大いに意義があることでしょう。その一方で、あくまで「ダメな議論」を避けて通ることを目的にする場合には、データを見る際の注意点、

- **成功のデータだけではなく失敗のデータも示されているか**
- **「〇〇しなかったケース」についての成功・失敗比率は示されているか**

・因果関係が逆なのではないか

に注意しておくと、無意味なデータによってダメな議論に説得される可能性を低く保つことができるでしょう。

このように説明を進めると、健康食品の宣伝やビジネスモデルの売り込み文句の数字なんてもともと大げさなモノだと眉につばつけて聞いているから大丈夫……と思われるかもしれません。

実際、ビジネスシーンでも社会や政治をめぐる議論においても発信者は自説に有利になるように、手を変え品を変え見栄えの良いデータの示し方を工夫しています。それに対して「売り込みに使われる数字は少し割り引いて受け止める」というのは、一理ある現場の知恵と言えるでしょう。しかし、なんでも疑う――では実際に意味のある提案まで退けてしまう結果にもなりかねません。宣伝文句や営業トークから政策をめぐる議論まで、データを利用して進められる話のどのような点に「数字のトリック」を仕込みやすいかを知ったうえで疑う必要があります。

さらに、自分自身のビジネスに、つまりは自分の財布に影響がある事柄については慎重なのに、社会や政治の問題についてはその疑い深さが発揮されないということがあります。社会・政治をめぐる言説は「自分に無関係ではないけれども、それらに関する知識がないと生活ができなくなるというほどのもの」ではありません。**健全な直観が働かない……このような微妙な距離感にダメ議論が生まれやすい土壌があるのです。**

たとえば、

> ○○県南部では、水源である川に発がん性物質が流れ込んだ疑いがあり、Z型がんにかかる人が増える可能性がある。そこで、県内の未成年者全員にがん検診を行ったところ、200人以上の子供にZ型がんがあることがわかった。

というニュースを見たらどのように感じるでしょう。有害物質の被害が深刻であり、その地域の水はもちろん農作物を買うのも不安になってしまいますよね。

しかし、このZ型がんは進行が非常に遅く、通常であれば癌になっていても一生検査もせず、気づかずに終わる人が多いとしたらどうでしょう。「○○県南部」で40万人の子供を調べたら200人以上にがんが発見された一方で、全く関係のない地域で調べてもほとんど同じ割合でがんやその疑いのある人が発見されるとしたら――同地域のZ型がんは河川の有害物質によるものではないということになるのではないでしょうか。健康食品の宣伝文句に対しては働いていた健全な猜疑心が、報道情報として聞くと急に失われてしまう可能性があります。

ちなみにこの記事は私の創作です。Z型がんなどというものは存在しません。しかし、この例文の元となったニュースと筋立ては全く同じです。検診の結果は「がん発生の割合が他地域に比べてとくに高いわけがない」というニュースにもかかわらず、場合によっては記事のなかに発生割合については他地域と差がないことが明記されていても、「200人ものがん患者が発見された」点ばかりが注目されてしまうことがあります。

報道情報のごく一部のみを切り取った情報発信、誤解に基づく危険性の警告、「良心的な人々」による警告の拡散といったプロセスを経て、データの誤解・誤読が地域の住民を不安に陥れ、同地域の農業や観光業に深刻な影響を与え続ける可能性があることに十分注意していかなければなりません。

信じる者は救われない

次に、ネットの普及がもたらしたもうひとつの、そしてより深刻な議論の変容について考えていきましょう。

チャンネル数が限られている地上波のテレビでは、視聴しているうちに何の気なしに自分が興味のない、賛同しない情報に接することがあります。ある程度、社論が明確になっている新聞・雑誌などにおいても、その社の発信全てに賛同しているという（社員にすらいなそうな）ケースを除くと、ある程度は意にそぐわない情報にふれることがあるものです。

自分の意にそぐわない情報を遮断できない、言うなれば異論に対して開かれているのがオールドメディアも用いた情報収集の特徴です。オールドメディアからの情報収集においても、「自分にとって心地よいと感じるもの」は確度が高く正しいものとして受け入れ、そうでないものは不確実で取るに足らないものとして記憶にとどめない傾向があるというのが前章までのテーマでした。

一方で、ネットで情報収集をする場合、自分自身がある程度意図して記事を読みに行かない限り、その情報に接することを避けることが出来てしまう。これがネットによる情報収集の大きな特徴です。その結果、純粋に「自分にとって心地よいと感じるもの」だけに接して過ごすことが可能になるのです

この傾向はTwitter・Facebookに代表されるSNS（ソーシャルネットワークサービス）、そのSNSや電子掲示板の情報を編集し紹介するいわゆるまとめサイトを利用するとさらに加速していきます。Twitterがサービスを開始したのは2006年7月、日本語版の運用は2008年4月にはじまりました。Facebookの一般公開も同時期に行われています。直近の十年間、SNSの増加と、そこでの情報を編集し見出し化するまとめサイトと結びつくことによって、従来とは異なる言説の場――そして結果としてダメな議論の活躍の場が登場しています。

これらネットメディアにおいて注目されることが多いのは結局のところ新聞・テレビから派生した話題であることが少なくありません。新聞記事とそれに対するネット上のコメントを組み合わせた記事が多く、その意味で前章まで紹介してきたダメな議論の特徴とその判別方法は依然として有用でしょう。しかし、SNSとまとめサイト、両者の組み合わせに接触する頻度が高い場合には、オールドメディアとはことなる経

路での「常識化」の作用が働いています。

ポイントはブックマークとフォローです。

世の中にあふれる多種多様なニュースの一部をピックアップし、リストとして提供するまとめサイトは一種の検索代行サービスです。そのなかで、自身が比較的好むテーマ・論調のまとめサイトをブックマークしていると、一般的なWeb検索とは異なり、「自分にとって心地よいと感じるもの」だけを提供してくれる検索システム(?)を手に入れたのと同じことになる。その結果、意に沿わない可能性のある情報についてはその見出しすら目にする機会がなくなってしまいます。

この自分だけの検索システムという性質はSNSについても同様――というよりもさらに強力なものになっています。Twitterでは、とくに検索しない限り、主に自分がフォローしている人の書き込みや言及のみが表示されます。自分の意見に近い人のアカウントをフォローし、興味のない人のフォローをやめるという(一般的なユーザーであれば誰でもやっているような)何の気なしの行動が積み重なると、Twitterのタイムラインは無意識のうちに「自分にとって心地よいと感じるもの」抽出フィルターになっていくのです。

SNS等の持つ情報抽出機能は使い道によっては有用です。SNSを主に趣味の情報を収集するために使っている場合、たとえば音楽や小説に関する情報収集ツールとして使う場合、自分の好きなアーティストや作家の情報だけを集中的に見ることができるというメリットを生み出すことができるでしょう（新規開拓が滞るという欠点もありますが）。しかし、ニュースや政治・政策に関する情報収集にSNSを用いるようになると、このメリットは強力なデメリットになります。

ここで、常識がいかにして作られるかについての説明を思い出してみましょう。

「多くの人がXを知っている」かつ「多くの人が正しいと思っている」
↓Xは「常識」である

でしたね。ここでの「多くの人」は通常であれば家族や同僚、友人ということになるでしょう。しかし、政治・政策について同僚・友人と話す機会はそう多くはありません。その結果、TV・新聞の情報が常識を左右することになる――だからこそ、そこに含まれるダメな議論を見分ける必要があるわけです。

SNSの隆盛はこの状況にひとつの変化をもたらしました。ネット上に存在する、場合によっては匿名の「多くの人」によって常識が作られるようになってきているのです。さらに、その「多くの人」の大半は比較的近い思想信条をもっている……社会全体から見ると少数派であったり、極端な見解の持ち主にすぎない人たちがあなたにとっての「多くの人」になってしまう危険性があります。

特定の思想・信条を持った人の情報発信だけに囲まれると、そのサークルの外ではまったく常識とは考えられていないことが「自分のなか（だけ）の常識」になります。

そしてひとたび自分にとっての「常識」になってしまうと――それを否定されること、ましてや自分からそれを疑うことには大きな心理的負担を伴うことになるのです。自分にとっての常識を傷つけるという痛みを避けて通るためにはどうすればよいか。痛みを避けるという人としてごく自然な適応行動を通じて、ますますその「常識」を肯定してくれる情報発信だけを選りすぐっていくことになるでしょう。

当初は平均的な見解、一般的な理解とは少し異なる、それが故にある意味ではオリジナリティという価値のある意見の持ち主だったにもかかわらず、時がたつにつれてあまりにも極端で到底一般的に受け入れがたい見解に傾斜してしまうという人もいます。これはかつての学生運動が、一部の宗教団体がより過激な思想をもつ者のみに凝縮されていったのと類似の作用かもしれません。

「仲間内の常識」が持つ力

2011年の東日本大震災、なかでも福島第一原子力発電所事故関連という不幸な事件をめぐる言説とその後の展開は、（これまでの章でとりあげてきた）多くの人がうっすらと抱く常識、（本章で指摘した）一部の人のなかで強化されていく仲間内の常識という問題を考えるうえで、重要な題材を提供してくれます。

震災直後から、ネットはもちろん各種報道においてさえ被災地の状況をめぐる事実とは大きく異なる報告、科学的には誤った情報発信が多く行われました。これらの誤情報に対して、専門家の多くは正しい情報を地道に発信すれば多くの人が正しい、少なくとも比較的妥当な理解にたどり着くと考えていたように見受けられます。確かに、地道な検証報道や情報発信によって誤解が解けたという人も多いでしょうし、オールドメディアで明らかな誤情報が報道されることは減っています。

しかし、ネット上では「まだこんなことを信じている人がいるの？」という怪情報が突発的に大きな関心を集めますし、リアルな生活のなかでも未だに街頭で「外で遊べない福島県の子供のための募金」に出くわすことがあるのも事実です。

震災から7年を経てもなお残る誤解の原因のひとつは第1章で指摘した経済・社会・政治に関する言説のもつ特性――「自分に無関係ではないけれども、それらに関する知識がないと生活ができなくなるというほどのもの」ではないという性質に由来します。

今もなお避難指示区域が残り廃炉へむけた作業が続く福島県沿岸部、インフラの再建は進むものの経済活動やコミュニティの再生に多くの困難が立ちはだかる被災地――その地域の住民、関係者にとって東日本大震災、原子力発電所事故の話題は「過去のもの」ではありません。しかし、それ以外の人にとっては今、自身が直面する深刻な課題とはとらえられなくなっている。これ自体が非常に残念なことですが、被災地の住民・関係者とその他の人に問題への関心度の濃淡があるのは致し方ないと考えることも現実的な状況理解です。(無関係ではないが)自身の生活にそこまで関係のない問題に対して、人は積極的に情報収集すること、自身の見解が誤解ではないかと掘り下げて調べることはありません。

日本中の誰もが、場合によっては世界の誰もが、強力な関心を持って福島の情報に注視していた震災直後――残念ながら当時発信された情報が玉石混淆だったことは否めません。さらに、事故発生当初は事実だった（事故の影響が未知数だったため子供を外で遊ばせることに不安を感じる人が大勢いたことなど）が、現在では状況はまったく変わっているということもあります。しかし、少なからぬ人が関心の薄れから情報のアップデートができておらず、震災直後や数年前までの情報を「常識」として信じたままになってはいないでしょうか。

さらに震災・事故発生直後に感じた恐怖、その時にたまたま正しいと思った情報が現在に至るまで「うっすらとした感情」として残っていることの影響も大きいでしょう。当時、政府の発表や報道どころの被害では済まない――「このままでは日本に住めなくなる」「東京もすでに危険だ」といった情報を信じた人（当時の混乱から考えると無理からぬものもあったと思います）で、現在もなお同様の信念を持って行動している人は稀です。

しかし、あれだけの大災害なのだから「公式発表や旧来型のメディアが報道する程度の被害で済むわけはない」という感覚だけは心のどこかに残っているのではないでしょうか。このような感情が心のどこかにあるとき、「原発の作業員数千人が行方不明になっている」、「周辺地域の病院ではガンや白血病で死ぬ人が急増している」、「福島県に立ち寄ったら鼻血が出た」といった出所や真偽不明の情報が出ると、つい自分にとって意に沿う、真実だと思いたいという理由で「正しい新情報」として受け容れてしまいがちになります。

一方で、事故当時の強い関心を現在もなお一定水準で維持し続けている方も少なくありません。原発事故の影響について、過大な喧伝は問題が多いと考えている人も、公式発表はウソだと考えている人も、被災地とその周辺以外で同問題に高い関心を抱いている人の減少から、その情報収集はネット上や親しい仲間内でのやりとりに頼ることが増えています。

被災地の状況に関して震災当時にフォローした人や実際にネット上でやりとりした人はもちろん、その後になんとなく気になる情報を発信しているという理由で注目した人——彼らの発信する情報、リツイートやニュースへの感想に日常的に触れていると、そのサークル外の人や専門家の間で主流となっている見解と自分のそれが乖離しても気づかないという事態になりかねないのです。

もちろん、福島第一原子力発電所事故の影響はまだ完全に明らかになったものではありませんし、公的な発表に誤りもないと断じることはできないでしょう。しかし、数千人の死者を隠蔽する陰謀の存在を正当化できるような証拠は、状況証拠を含めて、皆無です。鼻血が出るほどの被爆をしたならば、その被害は鼻血程度では済まないのです。

ちなみに「福島県に立ち寄ったら鼻血が出た」という情報において、おそらくは「鼻血が出た」ことは事実でしょう。しかし、日本中で（というか世界中で）今日鼻血を出す人はたくさんいます。仮に本書が100万部のベストセラーになったならば、なかにはまさにこの章を鼻にティッシュを詰めながら読んでいるひとも1人は出るかも知れません。表5-1の四分割表に示したように、福島に旅行した人とそれ以外の人で鼻血を出す割合に差があることが示されない限り、その情報はなんの意味も持たないのです。

ごく限られたサークルのなかで極論やあきらかな誤情報が仲間内の常識になっているだけならば、それを信じていない人にはたいした影響はないと思われるかもしれません。しかし、現在も事故の影響について高い関心を持ち、近い見解のメンバー同士のなかで強化されていった仲間内の常識がその外に伝わったとき――それが不幸な社会的影響力を持ってしまうことがあります。

「念のために福島産の農作物は避けておこう」というちょっとした選択が積み重なることは同地の農業への大きな被害をもたらします。さらには「自分はそんなことないと思うけど、気にする人もいるかもしれない」という忖度《そんたく》がもたらす福島県への旅行の忌避は同地の観光にとって深刻な問題となり得るのです。

「自分だけの常識」から抜け出すために

自身の仕事・本業ではないが、それなりに関心のある話題。このような「ほどほどの関心」にネットは非常に効率的に答えてくれます。専門的な学術書や論文を読むほどではないが、一般の人よりは詳しいと思っているテーマ。このような「ほどほどに詳しいと自負している話題」に関する見解はネットでのつながりを通じて身内だけのカルトな常識に漂着する危険性をはらんでいます。このような現代的なダメな議論から抜け出すためには何をすれば良いのでしょう。

もちろん特定のメディアや特定の論者からの発信に情報源を限定しない多面的な情

報収集を行い、ネットだけではなくリアルなコミュニケーションを心がけ、異論に対してオープンに接するようにする——のが良いのはわかっています。しかし、何よりも面倒くさいですし、本業ではないのでそこまでの関心はないし、そもそも自分のなかでの常識をいちいち批判的に検証していくのは心理的なコストが大きいでしょう。

本書の目的のひとつは、このような手間や心理的負担を回避しながらダメな議論から一歩身を引くための機械的な方法を提供するところにあります。その方法としてあげたのが以下の5つのチェックリストでした。

【チェックポイント① 定義の誤解・失敗はないか】
【チェックポイント② 無内容または反証不可能な言説】
【チェックポイント③ 難解な理論の不安定な結論】
【チェックポイント④ 単純なデータ観察で否定されないか】
【チェックポイント⑤ 比喩と例話に支えられた主張】

あらためてネットが情報収集と議論の大きなプラットフォームになりつつある現在

においても、この５つを心のどこかに置くことでダメな議論を「自分の心になじませる」ことのないよう水際作戦の体制を整えましょう。

データによって議論の証拠づけを行うには統計に関する基礎知識が必要です。しかし、提示されている議論と矛盾するデータ、または本章で示したデータそのものの有用性に注意するのに特別な能力は必要とされません。ちゃんとしたデータを見れば意外とすぐに否定できる議論は今もなお多いのです。

さらに、議論における曖昧な定義づけは多くの論者が現在も積極的に利用するところです。キーになる概念の定義が下されていない議論は結論がいかに自分好みのものであっても何割か割り引いて受け止める必要があります。定義はおろか、そもそも何も言っていない議論については、聞き流す習慣も必要です。

また、Twitterでのコミュニケーションやｗｅｂ上の短い記事では、論証のために例話やたとえ話にたよらざるを得ないという発信者側の事情があります。実際はより確かな証拠があるにもかかわらず、紙幅などの都合で例話を使っているのか、本当に比喩や例話しか根拠がないのか……それを調べるためには同じ著者の他所での発言を検索してみるとよいかもしれません。議論は文脈のなかで行われ、その主張は文脈と無縁ではない。これまで以上に、発言や主張の周辺情報に気をつける必要が生じています。その発信者の（類似の問題への）主張・発言を複数追うだけで、比喩・例話以外の根拠がある話なのか、または特定の状況にしか当てはまらないモデルで話してはいないか――それを知ることができます。このような作業が容易になったところはネットの普及の良いところかもしれません。

いま皆さんが抱いている自分にとっての常識、もしかしたら仲間内だけでしか共有されていないかもしれない常識。それをいきなり覆すことは難しいでしょう。

しかし、**これから目にする耳にする情報のフローに対して、ダメな議論を機械的に「はじくｊ」という手法を意識して対面することは不可能ではありません。**これからそれなりにもっともらしい議論として自分の引き出しに収納していく情報が、このチェックリストをそれなりに満たすモノばかりになっていったならば、あなたの知識はよりあなた自身にとって有益なものとなっていくでしょう。

また、より足早に社会問題の意識や自分にとっての常識を見直してみたいというひとは――いちどブックマークを全て削除してみませんか？　必要なサイトはどうせまた検索してブックマークしますよ。Twitter のフォローをゼロにしてみませんか？

また縁があったらフォローすることになりますよ。そして次にそのサイトやアカウントの情報を見るとき、一瞬で良いのでこの5つのチェックポイントのことを思い出してはもらえないでしょうか?

このような行動を通じて世に流通する様々なダメな議論、それがひとつでも減少することはこれからのあなたのビジネス・生活、さらには日本社会をほんのちょっとだけ生きやすくしてくれるかもしれませんよ。

文庫版おわりに

本書の初版が上梓されたのは２００６年の11月。その前年頃より経済学者として政策論争に関わり始めたばかりだった私は、学会などでなじみのある議論とは異なるさまざまな批判・反論と相対することになりました。

なかでも、雑誌や新聞といったメディア、インターネット上でもそれまで議論をすることが多かった経済学者やエコノミストではない多種多様な方からの批判は、量的にも私の処理能力を超えつつある状況でした。また、私事を離れても、まさにネットによる情報発信が増加しつつあるなかで、多岐にわたる社会・経済に関する情報の一つひとつを整理し、精査することは個人には不可能になりつつあった時代です。

そのなかで、なんとか効率的に情報を処理する方法がないものか——少なくとも真面目に取り合うべき議論か否かを短時間で判断することはできないものか。このような逡巡のなかで、自身にとっての「情報のふるい」を考案してみようと考えたことが本書執筆の発端でありました。

初版から12年。日本の、そして世界の経済と社会は当時想像もしなかった大きな事件や変化に直面してきました。そのなかで本書文庫化の依頼をいただいたとき、そして今もなお——これは全面改定でもしないと世に出せるものにはならないのではないかとの思いがあることは否めません。

なかでも、本書初版時に想定していた「ダメな議論」のフィールドはテレビ・新聞・雑誌といったメディアであったのに対し、現在の議論の場はネット上に移行しつつある。だからこそネットにおける「ダメな議論」を見分ける基準こそが求められているのではないかと感じたのです。

しかし、あらためて12年前の自著を読み返すと——持って回ったような言い回しが多く、情報を詰め込もうとしすぎていて、自分でくすぐったい一方で、本書の核になる5つのチェックポイントはネット上の議論において、なかでも短い文字数で話が進むネット上の議論でこそ愚直に適用していく必要があるのではないかとも感じるのです。

さらには、ネット上の議論はオールドメディアによる情報発信への論評・コメントの形で行われることが多く、その意味で大本の情報の妥当性、さらには論評・コメントの妥当性を判断するうえでも、今もなお本書が幾何かの価値を残しているのではないかと考えました。

また、文中で用いられる例のなかには時を経てその誤謬がすでに多くの人にとっての常識になっているもの（少年犯罪の減少など）、問題そのものが記憶の彼方になっているもの（BSE問題など）、近年の経済情勢の変化によって誤りが明確になっているものもあるでしょう。しかし、あらためて「すでに誤りであることが明確」になっている「ダメな議論」を振り返ることは、むしろダメな議論判別法の練習には適しているのではないか――元来の自分自身の賛否に引っ張られることなく、純粋に練習問題として考えることができるのではないかとも感じられたため、もっぱらデータを更新することで例示としてはほぼそのままの形で残しています。

一方で、初版執筆時には想定もしていなかったネット上の議論をめぐる論点については第5章に加筆という形でまとめました。

初版時のあとがきでも言及したように、本書は無用あるいは有害な議論を発見する手法を解説した初めての本でないことは言うまでもありません。『論理で人をだます法』（ロバート・J・グーラ著、山形浩生訳、朝日新聞社）、『ウンコな議論』（ハリー・G・フランクファート著、山形浩生訳、筑摩書房）、『ヤバい経済学』（スティーヴン・D・レヴィット、スティーヴン・J・ダブナー著、望月衛訳、東洋経済新報社）は、本書の主題である「ダメな議論」を特徴づけるうえで大きな助けとなっています。また、ダメな議論を探す前提となる分析的な思考法については、『ロジカル・シンキング――論理的な思考と構成のスキル』（照屋華子・岡田恵子、東洋経済新報社）を参考にまとめました。

今も自称若手経済学者ではあるのですが、当時正真正銘の若手だった私が本書を執筆するに当たっては多くの方に助力をいただきました。故岡田靖氏（内閣府経済社会総合研究所・当時）、小原俊氏（文部科学省）、寺井晃氏（京都産業大学）との議論は今もなお自分にとっての実となっています。また、草稿に丁寧なコメントを寄せてくださった小林正和氏、小林香織氏、最初の読者としてコメントいただいた駒澤大学経済学部の工藤広高君、浦野雄二君、松本夏枝君、五十嵐真澄君の助力も思い出深い限りです。新書版担当の石島裕之氏には文章を書く技術の多くを学ばせていただきました。12年も前の、それも社会評論に分類される書籍の文庫化という永田士郎氏の決断が暴挙と言われぬことを祈りつつ本書の結びとしたいと思います。

注

（1）科学的な知識（事実に関する知識）についても解きがたい多くの誤解があり、その誤解を利用したオカルト、ニセ科学商法の流行など多くの問題があることが指摘されています。ただし、「マイナスイオン」や「波動」などに関するニセ科学問題については筆者の能力を超えるので、『なぜ人はニセ科学を信じるのか』（マイクル・シャーマー著、岡田靖史訳、早川書房、1999年ハヤカワ文庫、2003年）、大阪大学の菊池誠氏による入門的解説（http://www.cp.cmc.osaka-u.ac.jp/~kikuchi/nisekagaku/nisekagaku_nyumon.html 2018年6月1日閲覧）などをご参照ください。

（2）訳文は『韓非子（上）』（竹内照夫著、明治書院、新釈漢文大系第11巻、1960年）を参考にしています。なお、説難第十二には後世の加筆が混入しており、純粋な韓非子のテクストではないという説が支配的ですが、ここでは説難編の基本的な理念は韓非子の思想を代表していると考えて議論を進めています。ちなみに、漢籍ではテクストの章名を示すときに「タイトル＋章番号」の順で記すのが一般的です。したがって、説難第十二は現代風に言うと「第十二章　説難」という意味です。

（3）『なぜ、占い師は信用されるのか?』（石井裕之、フォレスト出版、2005年）

（4）『「空気」の研究』（山本七平、文藝春秋、1983年）

（5）『起業バカ』（渡辺仁、光文社、2005年）

（6）ここでの自己負担費用とは、私立学校に通った場合にかかる学費という意味ではありません。学校への補助金がない場合の学費に加えて、学校に行くことで（働く時間が短くなるため）失われる収入まで含めた費用を考慮する必要があります。多くの私学では収入の3割以上が公的資金によってまかなわれており、財政的支援と無縁ではありません。

（7）『「ニート」って言うな!』（本田由紀・内藤朝雄・後藤和智、光文社新書、2006年、第2部）

（8）http://www.tbcopic.org/signature/（2018年6月15日閲覧）

（9）『ツチヤ教授の哲学講義』（土屋賢二、岩波書店、2005年、文春文庫、2011年）など

（10）その他、主なルールとしては「その年の付加価値を計上する」などがあげられます。付加価値とは「新たに生み出された（付け加えられた）価値」という意味で、実際に取引された（売れた）額から、その生産にかかった原材料費を差し引いたものです。また、その年に生み出された財・サービスの価値のみを計上するというルールがあるため、10億円の土地が取引されても（土地はその年に生産されたものではないため）GDPには含まれず、取引の仲介

手数料のみが「今年生み出された」サービスとしてGDPに計上されることになります。

(11) 正確には、Xコの独立した政策目標の達成のためにはXコの独立した政策手段が必要であるというものです。ティンバーゲンの定理やマンデルの定理に関する入門的な解説は『ゼミナール経済政策入門』（岩田規久男・飯田泰之、日本経済新聞社、２００６年）を参照ください。

(12) 実験に参加したことに対してアルバイト料が支払われるのではなく、たとえば株式取引のシミュレーションならばそのシミュレーションゲームのなかでの儲けに応じた報酬が支払われるという点が重要です。

(13) 就業構造基本調査での求職型無業者は完全失業者に比べて大幅に少ない点が指摘されています。完全失業者の中には配偶者のあるものも含まれるため、完全失業者が求職型無業者よりも多くなるのは当然ですが、そのギャップが毎年増えているのは問題です。仮に、ギャップの半分が統計調査のミスによるとすると、日本版ニートの人数は10年間一定であったという結論になります（参考：http://d.hatena.ne.jp/svnseeds/20050418　２０１８年６月15日閲覧）。

(14) メディアによって「作られた」ニート問題については、本章の主要参考文献とも言える、『「ニート」って言うな！』（本田由紀・内藤朝雄・後藤和智、光文社新書、２００６年）を参照してください。

(15) 国立社会保障・人口問題研究所出生中位・死亡中位推計より．なお、人口予想は他の経済予想に比べて比較的正確です。

(16) 国債負担に関する入門的な解説は、『ゼミナール経済政策入門』(岩田規久男・飯田泰之、日本経済新聞社、2006年)の第9章を参照してください。

本書は二〇〇六年十一月、ちくま新書として刊行された『ダメな議論』を改訂し、新たに「第5章　ネット時代のダメな議論」を加えた。

脱貧困の経済学　飯田泰之　雨宮処凛

格差と貧困が広がり閉塞感と無力感に覆われている日本。だが、経済学の発想を使えばまだ打つ手はある。追加対談も収録して、貧困問題を論じ尽くす。

嫌われずに人を説得する技術　伊東明

相手を説得すれば、それで問題は解決するわけではない。思いどおりに人を動かしながら長期的な人間関係にも配慮した「日本人向け」の説得スキル。

雇用の常識　決着版　海老原嗣生

昨今誰もが口にする「日本型雇用の崩壊」がウソであることを、様々なデータで証明した話題の本。時代に合わせて加筆訂正した決定版。（勝間和代）

質問力　齋藤孝

コミュニケーション上達の秘訣は質問力にあり！　これさえ磨けば、初対面の人からも深い話が引き出せる。話題の本の、待望の文庫化。（斎藤兆史）

段取り力　齋藤孝

仕事でも勉強でも、うまくいかない時は「段取りが悪かったのではないか」と思えば道が開かれる。段取り名人となるコツを伝授する！（池上彰）

コメント力　齋藤孝

オリジナリティのあるコメントを言えるかどうかで「おもしろい人」、「できる人」という評価が決まる。優れたコメントに学べ！

齋藤孝の速読塾　齋藤孝

二割読書法、キーワード探し、呼吸法から本の選び方まで著者が実践する「脳が活性化し理解力が高まる」夢の読書法を大公開！（水道橋博士）

齋藤孝の企画塾　齋藤孝

「企画」は現実を動かし、実現してこそ意義がある。成功の秘訣は何だったかを学び、「企画力」の鍛え方を初級編・上級編に分けて解説する。（岩崎夏海）

仕事力　齋藤孝

「仕事力」をつけて自由になろう！　課題を小さく明確なことに落とし込み、2週間で集中して取り組めば、必ずできる人になる。（海老原嗣生）

前向き力　齋藤孝

「がんばっているのに、うまくいかない」あなた。ちょっと力を抜いて、くよくよ、ごちゃごちゃから抜け出すとすっきりうまくいきます。（名越康文）

反対尋問の手法に学ぶ
嘘を見破る質問力　荘司雅彦
悪意ある嘘を見破りたい時、記憶違いを正したい時、弁護士の使う「反対尋問」の手法が効果を発揮する。交渉を円滑に進める法廷でのテクニックとは？

不合理な地球人　ハワード・S・ダンフォード
なぜ私たちはわざわざ損をする行動をしてしまうのか。その判断に至る心の仕組みを解き明かす。宇宙一わかりやすい行動経済学入門。

トランプ自伝　ドナルド・トランプ／トニー・シュウォーツ　相原真理子訳
一代で巨万の富を築いたアメリカの不動産王ドナルド・トランプが、その華麗なる取引の手法を赤裸々に明かす。（ロバート・キヨサキ）

かかわり方のまなび方　西村佳哲
「仕事」の先には必ず人が居る。自分を人を十全に活かすこと。それが「いい仕事」につながる。その方策を探った働き方研究第三弾。（向谷地生良）

味方をふやす技術　藤原和博
他人とのつながりがなければ、生きてゆけない。でも味方をふやすためには、嫌われる覚悟も必要だ。ほんとうに豊かな人間関係を築くために！

人生の教科書
［おかねとしあわせ］　藤原和博
お金を何にどう使うかが、幸せになるかならないかを決める。「人との絆」を重視する著者が説く幸せになるお金の使い方、18の法則とは？（木暮太一）

仕事に生かす地頭力　細谷功
仕事とは何なのか？　本当に考えるとはどういうことか？　ストーリー仕立てで地頭力の本質を学び、問題解決能力が自然に育つ本。（海老原嗣生）

あなたの話はなぜ「通じない」のか　山田ズーニー
進研ゼミの小論文メソッドを開発し、考える力、書く力の育成に尽力してきた著者が「話が通じるための技術」を基礎のキソから懇切丁寧に伝授！

半年で職場の星になる！
働くためのコミュニケーション力　山田ズーニー
職場での人付合いや効果的な「自己紹介」の仕方など最初の一歩から、企画書、メールの書き方など実践的技術まで。会社で役立つチカラが身につく本。

スタバではグランデを買え！　吉本佳生
身近な生活で接するものやサービスの価格を、やさしい経済学で読み解く。「取引コスト」という概念で学ぶ、消費者のための経済学入門。（西村喜良）

クルマは家電量販店で買え！　吉本佳生

『スタバではグランデを買え！』続編。やさしい経済学で、価格のカラクリがわかる。ゲーム理論や政治・社会面の要因も踏まえた応用編。（土井英司）

横井軍平ゲーム館　横井軍平　牧野武文

数々のヒット商品を生み出した任天堂の天才開発者・横井軍平。知られざる開発秘話とクリエイター哲学を語った貴重なインタビュー。（ブルボン小林）

生きさせろ！　雨宮処凛

若者の貧困問題を訴えた記念碑的ノンフィクション。湯浅誠、松本哉、入江公康、杉田俊介らに取材。JCJ賞受賞。最終章を加筆。（姜尚中）

ライカでグッドバイ　青木冨貴子

ベトナム戦争の写真報道でピュリッツァー賞にかがやき、34歳で戦場に散った沢田教一の人生を描いたノンフィクションの名作。（開高健／角幡唯介）

英国セント・キルダ島で知った何も持たない生き方　井形慶子

イギリス通の著者が偶然知った世界遺産の島セント・キルダでの暮らしと社会を日本で初めて紹介。実在した島民の目を通じてその魅力を語る。

霞が関「解体」戦争　猪瀬直樹

無駄や弊害ばかりの出先機関や公益法人はもういらない――地方分権改革推進委員会を舞台として、官僚を相手に繰り広げた妥協なき闘いの壮絶な記録。

完全版 この地球《ほし》を受け継ぐ者へ　石川直樹

22歳で北極から南極までを人力踏破した記録。ほとばしり出る若い情熱を鋭い筆致で語るデビュー作、待望の復刊。カラー口絵ほか写真多数。（管啓次郎）

日本帝国と大韓民国に仕えた官僚の回想　任文桓《イム・ムナン》

植民地コリア出身の著者は体制の差別と日本人の援助を受け、同胞の為に朝鮮総督府の官僚となる。植民地世代が残した最も優れた回想録。（保阪正康）

釜ヶ崎から　生田武志

失業した中高年、二十代の若者、DVに脅かされる母子――。野宿者支援に携わってきた著者が、「究極の貧困」を問う圧倒的なルポルタージュ。

戦場カメラマン　石川文洋

眼前の米兵が頭を撃ち抜かれ、擲弾銃によって解放軍兵士が吹き飛ぶ。祖国を守るため、自由を得るため、差別や貧困から脱するため……。（藤原聡）

テレビは何を伝えてきたか　植村鞆音／大山勝美／澤田隆治

テレビをめぐる環境は一変した。草創期から番組作りに携わった「生き字引」の三人が、秘話をまじえて歴史をたどり、新時代へ向けて提言する。

東京骨灰紀行　小沢信男

両国、谷中、千住……アスファルトの下、累々と埋もれる無数の骨灰をめぐり、忘れられた江戸・東京の記憶を掘り起こす鎮魂行。（黒川創）

大正時代の身の上相談　カタログハウス編

他人の悩みはいつの世も蜜の味。大正時代の新聞紙上で129人が相談した、あきれた悩み、深刻な悩みが時代を映し出す。（小谷野敦）

大山康晴の晩節　河口俊彦

空前の記録を積み上げた全盛期。衰えながらも、その死まで一流棋士の座を譲らなかった晩年。指し手と人生から見る勝ち続けてきた男の姿。（yomoyomo）

万国奇人博覧館　J・C・カリエール／G・ベシュテル　守能信次訳

無名の変人から、ゴッホ、ルソーらの有名人、「聖遺物」「迷信」といった各種事象や営みまで。人間の業と可能性を感じさせる超絶の人生カタログ。

聞書き　遊廓成駒屋　神崎宣武

名古屋中村遊廓跡で出くわした建物取壊し。そこから著者の遊廓をめぐる探訪が始まる。女たちの隠された歴史が問いかけるものとは。（井上理津子）

消えた赤線放浪記　木村聡

「赤線」の第一人者が全国各地に残る赤線・遊郭跡を訪ね、色町の「今」とそこに集まる女性たちを取材した貴重な記録。文庫版書き下ろし収録。

町工場・スーパーなものづくり　小関智弘

宇宙衛星から携帯電話まで、現代の最先端技術を支えているのが町工場だ。そのものづくりの原点を、元旋盤工でもある著者がルポする。（中沢孝夫）

『洋酒天国』とその時代　小玉武

開高健、山口瞳、柳原良平……個性的な社員たちが創ったサントリーのPR誌の歴史とエピソードを自ら編集に携わった著者が描き尽くす。（鹿島茂）

「社会を変える」を仕事にする　駒崎弘樹

元ITベンチャー経営者が東京の下町で始めた「病児保育サービス」が全国に拡大。「地域を変える」が「世の中を変える」につながった。

ドキュメント ブラック企業 今野晴貴・ブラック企業被害対策弁護団
違法労働で若者を使い潰す、ブラック企業。その「手口」は何か？ 闘うための「武器」はあるのか？ さまざまなケースからその実態を暴く！

あぶく銭師たちよ！ 佐野眞一
昭和末期、バブルに跳梁した怪しき人々。リクルートの江副浩正、地上げ屋の早坂太吉、〝大殺界〟の細木数子など6人の実像と錬金術に迫る！

宮本常一が見た日本 佐野眞一
戦前から高度経済成長期にかけて日本中を歩き、人々の生活を記録した民俗学者、宮本常一。そのまなざしと思想、行動を追う。（橋口譲二）

新 忘れられた日本人 佐野眞一
佐野眞一がその数十年におよぶ取材で出会った、無私の人、悪党、そして怪人たち。時代の波間に消えて行った忘れえぬ人々を描き出す。（後藤正治）

「心」と「国策」の内幕 斎藤貴男
「がんばろう、日本」が叫ばれる危ういこの国で、「国民」の内面は、国や公共、経済界にどう利用されていくのか？ 政治経済、教育界まで徹底取材！

初代 竹内洋岳に聞く 塩野米松
日本人初、八千メートル峰14座完全登頂を達成した竹内洋岳。生い立ちから12座目ローツェの登頂に成功するまでを描き、その魅力ある人間性に迫る。

游侠奇談 子母澤寛
飯岡助五郎、笹川繁蔵、国定忠治、清水次郎長……正史に残らない侠客達の跡を取材し、実像に迫る、游侠研究の先駆的傑作。（松島榮一／高橋敏）

決定版 切り裂きジャック 仁賀克雄
19世紀末のロンドンを恐怖に陥れた切り裂きジャック。日本随一の研究家が、あらゆる角度からジャック事件の真相に迫る決定版。（菊地秀行）

半農半Xという生き方【決定版】 塩見直紀
農業をやりつつ好きなことをする「半農半X」を提唱した画期的な本。就職以外の生き方、転職、移住後の生き方として。帯文＝藻谷浩介 （山崎亮）

増補版 ドキュメント 死刑囚 篠田博之
幼女連続殺害事件の宮﨑勤、奈良女児殺害事件の小林薫、附属池田小事件の宅間守、土浦無差別殺傷事件の金川真大……モンスターたちの素顔にせまる。

憲法が変わっても戦争にならない？ 高橋哲哉・斎藤貴男 編著

なぜ今こそ日本国憲法が大切か。哲学者、ジャーナリストの編者をはじめ、憲法学者・木下智史、映画監督・井筒和幸等が最新状況を元に加筆。

レントゲン、ＣＴ検査 医療被ばくのリスク 高木学校 編著

日本では健康診断や検査での医療被曝が多い。エコーなど被曝しない検査方法もある。不必要な被曝を避けるための必読書。寄稿＝山田真（小児科医）

週刊誌風雲録 高橋呉郎

昭和中頃、部数争いにしのぎを削った編集者・トップ屋たちの群像。週刊誌が一番熱かった時代を貴重な証言とゴシップたっぷりで描く。（中田建夫）

珍日本超老伝 都築響一

著者が日本中を訪ね歩いて巡り逢った、老いを超越した天下御免のウルトラ老人たち29人。オレサマ老人にガツンとヤラれる快感満載！

責任 ラバウルの将軍今村均 角田房子

ラバウルの軍司令官・今村均。軍部内の複雑な関係、戦地、そして戦犯としての服役。戦争の時代を生きた人間の苦悩を描き出す。（保阪正康）

一死、大罪を謝す 陸軍大臣阿南惟幾 角田房子

日本敗戦の八月一五日、自決を遂げた時の陸軍大臣。本土決戦を叫ぶ陸軍をまとめ、戦争終結に至るまでの息詰まるドラマと、軍人の姿を描く。（澤地久枝）

総天然色 廃墟本ｒｅｍｉｘ 中田薫・文 中筋純・写真 山崎三郎・編

盛者必衰の情景に何を思うか。野ざらしの遊園地やホテル、鉱山町の産業遺構、心霊スポットと化した廃病院……。単行本未収録を含むオールカラー。

自分の仕事をつくる 西村佳哲

仕事をすることは会社に勤めること、ではない。仕事を「自分の仕事」にできた人たちに学ぶ、働き方のデザインの仕方とは。（稲本喜則）

自分をいかして生きる 西村佳哲

「いい仕事」には、その人の存在まるごと入ってるんじゃないか。『自分の仕事をつくる』から6年、長い手紙のような思考の記録。（平川克美）

難民高校生 仁藤夢乃

DV被害、リストカット、自殺未遂を繰り返す仲間たちとともに、渋谷で毎日を過ごしていた著者が居場所を取り戻すまで。大幅に追記。（小島慶子）

荷風さんの戦後 半藤一利

戦後日本という時代に背を向けながらも、自身の生活を記録し続けた永井荷風。その孤高の姿を愛情溢れる筆致で描く傑作評伝。（川本三郎）

神国日本のトンデモ決戦生活 早川タダノリ

これが総力戦だ！ 雑誌や広告を覆い尽くしたプロパガンダの数々が浮かび上がらせる戦時下日本のリアルな姿。関連図版をカラーで多数収録。

ザ・フィフティーズ1（全3巻） デイヴィッド・ハルバースタム 峯村利哉訳

50年代アメリカでの出来事と価値転換が現代世界を作った。政治、産業から文化、性までを光と影の両面で論じる。巻末対談は越智道雄×町山智浩。

ザ・フィフティーズ2 デイヴィッド・ハルバースタム 峯村利哉訳

FBIやCIAの暗躍。エルヴィスとディーンの登場。そして公民権をめぐる黒人の闘いなどが描かれる第二巻。巻末対談は越智道雄×町山智浩。

ザ・フィフティーズ3 デイヴィッド・ハルバースタム 峯村利哉訳

マリリン・モンローからスプートニク、U－2撃墜事件まで。時代は動き、いよいよ60年代の革命が近づいてくる。巻末対談は越智道雄×町山智浩。

ちろりん村顛末記 広岡敬一

トルコ風呂と呼ばれていた特殊浴場を描く伝説のノンフィクション。働く男女の素顔と人生、営業システム、歴史などを記した貴重な記録。（本橋信宏）

誘拐 本田靖春

戦後最大の誘拐事件。残された被害者家族の絶望、犯人を生んだ貧困、刑事達の執念を描くノンフィクションの金字塔！（佐野眞一）

疵 本田靖春

戦後の渋谷を制覇したインテリヤクザ安藤組の大幹部、力道山よりも喧嘩が強いといわれた男……。伝説に彩られた男の実像を追う。（野村進）

東條英機と天皇の時代 保阪正康

日本の現代史上、避けて通ることのできない存在である東條英機。軍人から戦争指導者へ、そして極東裁判に至る生涯を通して、昭和期日本の実像に迫る。

数学に魅せられた明治人の生涯 保阪正康

数学の才能に富んだ一庶民が日清・日露、太平洋戦争と激動の時代を懸命に生き抜く姿を通して、近代日本の哀歓と功罪を描くノンフィクション・ノベル。

三島由紀夫と楯の会事件　保阪正康

社会に衝撃を与えた1970年の三島由紀夫割腹事件はなぜ起きたのか？　憲法、天皇、自衛隊を論じたあの時代と楯の会の軌跡を追う。（鈴木邦男）

戦場体験者　保阪正康

終戦から70年が過ぎ、戦地を体験した人々が少なくなる中、戦場の記録と記憶をどう受け継ぎ歴史に刻んでゆくのか。力作ノンフィクション。（清水潔）

ぐろぐろ　松沢呉一

不快とは、下品とは、タブーとは。非常識って何だ。公序良俗を叫び他人の自由を奪う偽善者どもに〝闘うエロライター〟が鉄槌を下す。

続・反社会学講座　パオロ・マッツァリーノ

あの「反社会学」が不埒にパワーアップ。お約束と権威主義に凝り固まった学者たちを笑い飛ばし、庶民に愛と勇気を与えてくれる待望の続編。

オタク・イン・USA　パトリック・マシアス　町山智浩編訳

全米で人気爆発中の日本製オタク・カルチャー。しかしそれらが受け入れられるまでには、大いなる誤解と先駆者たちの苦闘があった――。（町山智浩）

玉の井という街があった　前田豊

永井荷風「濹東綺譚」に描かれた私娼窟・玉の井。しかし、その実態は知られていない。同時代を過ごした著者による、貴重な記録である。（井上理津子）

宮台教授の就活原論　宮台真司

社会のこと、働くこと、就職活動、すべてを串刺しにした画期的就活論。これから社会に出る若者はもちろん、全社会人のための必読書。（常見陽平）

暴力団追放を疑え　宮崎学

社会の各分野で進む暴力団追放。「正義」の裏に潜む利権ビジネス、管理型社会の強化。はたして暴力団排除は誰のために？　あえて異論を唱える。

権力の館を歩く　御厨貴

歴代首相や有力政治家の私邸、首相官邸、官庁、政党本部ビルなどを訪ね歩き、その建築空間を分析。権力者たちの素顔と、建物に秘められた真実に迫る。

宮澤喜一と竹下登　御厨貴

対極的な保守政治家だった宮澤と竹下。その政権運営が自民党崩壊への端緒となった二人の栄光と挫折を描く、オーラル・ノンフィクション対比列伝。

後藤田正晴と矢口洪一
御厨貴

内閣官房長官を務めた後藤田と、最高裁長官へと上り詰めた「ミスター司法行政」矢口。二人の対比列伝で、昭和のリーダーシップのありようを描き出す。

東大が倒産する日
森毅
豊田充 聞き手

二十一世紀の大学像を語ったインタビュー集。教育論としてだけでなく日本文化論としても興味深く読める「森流」学問のすすめ。

呑めば、都
マイク・モラスキー

赤羽、立石、西荻窪……ハシゴ酒から見えてくるのは、その街の歴史。古きよき居酒屋を通して戦後東京の変遷に思いを馳せた、情熱あふれる体験記。

戦中派虫けら日記
山田風太郎

〈嘘はつくまい。嘘の日記は無意味である〉。戦時下、明日の希望もなく、心身ともに飢餓状態にあった若き風太郎の心の叫び。（久世光彦）

同日同刻
山田風太郎

太平洋戦争中、人々は何を考えどう行動していたのか。敵味方の指導者、軍人、兵士、民衆の姿を膨大な資料を基に再現。（高井有一）

タクシードライバー日誌
梁《ヤン》石日《ソギル》

座席でとんでもないことをする客、変な女、突然の大事故。仲間たちと客たちを通して現代の縮図を描く異色ドキュメント。（崔洋一）

袴田事件 裁かれるのは我なり
山平重樹

袴田巖さんの無罪を確信しながらも、一審の死刑判決文を書かされた裁判官の視点を通して、冤罪の構図を描いたドキュメント・ノベル。（亀井洋志）

新版 女興行師 吉本せい
矢野誠一

大正以降、大阪演芸界を席巻した名プロデューサーにして吉本興業の創立者。NHK朝ドラ『わろてんか』のモデルとなった吉本せいの生涯を描く。

増補 経済学という教養
稲葉振一郎

新古典派からマルクス経済学まで、知っておくべき経済学のエッセンスを分かりやすく解説。本書を読めば筋金入りの素人になれる⁉（小野善康）

「月給100円サラリーマン」の時代
岩瀬彰

物価・学歴・女性の立場――。豊富な資料と具体的なイメージを通して戦前日本の「普通の人」の生活感覚を明らかにする。（パオロ・マッツァリーノ）

ちくま文庫

新版《しんぱん》ダメな議論《ぎろん》

二〇一八年十一月十日　第一刷発行

著　者　飯田泰之（いいだ・やすゆき）

発行者　喜入冬子

発行所　株式会社　筑摩書房

東京都台東区蔵前二―五―三　〒一一一―八七五五

電話番号　〇三―五六八七―二六〇一（代表）

装幀者　安野光雅

印刷所　三松堂印刷株式会社

製本所　三松堂印刷株式会社

ISBN978-4-480-43551-4　C0195